부동산산업 윤리 시리즈 **3**

감정평가의 윤리

건국대학교 부동산·도시연구원
케빈정/알에이케이 투자윤리연구센터

박영사

발간사

'부동산산업 윤리 시리즈'의 발간을 세상에 알립니다.

2016년 '부동산 산업의 윤리'를 세상에 내놓은 이래 2020년에는 '부동산산업 윤리 시리즈'를 발간합니다. 5년 전 부동산산업 윤리라는 용어 자체도 생소했던 환경에서 그 의미의 중요성을 인식시키고, 연구와 교육을 위해 케빈정/알에이케이 투자윤리연구센터를 설립했습니다. 시작과 진행을 함께 하며 지켜봐 왔던 입장에서 부동산산업 윤리 전문서적 시리즈의 발간은 감개무량합니다.

부동산산업 윤리의 제고를 위한 새로운 길을 제시합니다.

부동산 · 도시연구원은 건국대학교의 교책연구소입니다. 산하기관인 케빈정/알에이케이 투자윤리연구센터는 2015년 RAK 케빈정 회장의 제안과 기부로 부동산산업의 투명성, 신뢰성, 윤리성의 제고를 목표로 설립되었습니다. 국토교통부가 후원하고 한국부동산분석학회가 주관한 2016년 제1회 부동산산업의 날 행사에서 부동산산업 윤리헌장을 공포하는 등 윤리와 관련한 세미나와 서적발간 등 부동산산업 윤리의 제고를 위한 새로운 방향을 꾸준히 제시해 왔습니다.

부동산산업 윤리의 전문성을 강화하고 있습니다.

케빈정/알에이케이 투자윤리연구센터는 우리 사회에 부동산산업 윤리의 중요성을 인식시키고 논의를 한 단계씩 상향시켜온 점이 성과라고 자부합니다. 부동산개발업, 부동산금융업, 부동산자산관리업, 부동산감정평가업 등 부동산산업을 대표하는 전문분야를 현직 부동산학과 교수를 중심으로 집필진을 구성하고 상당 기간의 노력으로 일궈낸 4권의 책인 '부동산산업 윤리 시리즈'의 출간은 전문성 강화 측면에서 각별합니다. 집필진이신 백민석, 강민석, 남영우, 윤동건, 김재환 교수께 감사 인사를 드립니다.

부동산산업 윤리의 내재화와 내실화를 꾀해 왔습니다.

건국대학교 부동산과학원은 부동산산업 윤리 교과목을 개설하고 각종 윤리 세미나를 진행해 왔습니다. 이제 윤리 교과목은 부동산학에서 기본이고 원칙인 과목으로 자리매김하고 있습니다. '부동산산업 윤리 시리즈'의 출간은 부동산 윤리교육의 내재화와 내실화라는 큰 흐름에 이바지하리라 판단합니다.

고마움을 전합니다.

부동산산업 윤리라는 척박한 분야에 새로운 씨를 뿌려주신 RAK 케빈정 회장께 감사 인사를 드립니다. 센터를 이끌고 부동산산업 윤리 시리즈를 기획하고 진행해 주신 유선종 교수께도 심심한 사의를 표합니다. 부동산산업의 윤리에 대해 고민하고 노력하고 계신 모든 분께 '부동산 산업윤리 시리즈'의 발간에 즈음하여 고맙다는 말씀을 드립니다.

2020. 11.
건국대학교 부동산 · 도시연구원장 이현석

축   사

     코로나 19의 여파로 인해 여러모로 어려운 상황 속에서도 케빈정/알에이케이 투자윤리연구센터의 기획운영진을 비롯하여 부동산개발, 금융, 평가, 자산관리 등 각 분야별로 함께해주신 집필진 분들이 고민하고 연구하여 만들게 된 '부동산산업의 윤리' 시리즈의 두 번째 출간을 진심으로 축하합니다.

     2001년 한국에 리츠 제도가 도입된 이후, 지난 20년간 한국의 부동산산업, 특히 부동산 투자 업계는 양적으로나 질적으로 엄청난 변화와 발전을 이루어 왔고, 최근 몇 년 동안 한국 기관투자자들의 해외 부동산 투자 역시 유럽, 미국, 아시아 등으로 진출하고 있으며 이러한 트렌드는 앞으로도 지속적으로 확대될 것으로 예상됩니다. 이러한 트렌드에 맞춰서 한국의 부동산 투자산업의 패러다임은 경제 개발 시기인 1970~80년대에 개인 혹은 사기업이 부(富)를 축적하기 위해 사용하던 수단에서 벗어나 궁극적으로 공공의 이익을 추구하는 기관화(Institutionalized)로 급속히 변화하고 있으며, 그 과정 속에서 시장 참여자, 특히 대리인의 도덕적 해이, 역선택, 무임승차 등 대리인의 이해상충(Agency Dilemma) 이슈가 대두되고 있습니다. 최근에는 공적 연기금 등의 취약하고 비전문적인 지배구조와 투자의사 결정 과정의 불투명성에 관한 관심도 높아지고 있습니다. 또한 국내외 자본시장의 상호의존성과 각 나라의 상이한 규제와 제도는 투자윤리에 맞물려 준법이슈가 세계로 진출하고 있는 부동산 투자 업계에 커다란 도전이 될 것입니다.

     4차산업혁명이라 일컫는 첨단기술의 발전은 부동산산업을 매우 빠르게 변화시키고 있습니다. 이에 따라 부동산윤리에 관한 연구도 뒤처지지 않고 계속해서 발전해 나가야 하며, 끊임없는 노력이 필요한 상황입니다. 다양한 시장 참여자들과 부동산 학계의 산학 협력을 통해 적극적이고 체계적인 학문적 연구와 사례연구, 그리고 전문직업윤리교육을 통해 풀어나가야 할 과제이자 도전이며, 이는 부동산산업 윤리의 발전을 위해 설립된 케빈정/알에이케이 투자윤리연구센터의 목적이기도 하며 사명이기도 합니다.

한국 최고의 역사와 세계 최대규모를 가진 건국대학교 부동산과학원의 커리큘럼에 부동산산업 윤리과목이 정규과목으로 개설되어 운영되는 것도 매우 의미있는 것으로 생각합니다만, 5년 전 이러한 문제의식에 공감하여 건국대학교 부동산·도시연구원에 설립된 케빈정/알에이케이 투자윤리연구센터가 이번에 두 번째의 성과물로 부동산산업 윤리 시리즈를 발간하게 된 것은 우리 모두의 기대에 부응하는 커다란 진전이라고 생각합니다.

끝으로 금번 '부동산산업의 윤리' 발간에 있어 집필진으로 참여해 주신 교수님들과 책을 구성하는데 도움을 주신 기획운영진 및 대학원생 분들께 깊은 감사를 드립니다. 또한 부동산 윤리연구가 지속적으로 운영될 수 있도록 물심양면으로 수고해 주신 신종철 부동산과학원장, 이현석 부동산·도시연구원장, 유선종 케빈정/알에이케이 투자윤리연구센터장, 신은정 케빈정/알에이케이 투자윤리연구센터 책임연구원을 비롯한 관계자 분들께 응원의 박수를 보내며 건승하시기를 간절히 기원합니다. 오늘의 두 번째 발간이 우리나라 부동산투자 윤리 발전의 역사에 커다란 진전으로 기억되기를 희망합니다.

2020. 11.
RAK 회장 케빈정

인 사 말

돌이켜 보면 우리 케빈정/알에이케이 투자윤리연구센터가 건국대학교 부동산
도시연구원 산하에 둥지를 튼 지도 벌써 5년이라는 시간이 흘렀습니다. 5년 동안의
노력과 시행착오의 결실이 이렇게 부동산산업 각 분야의 윤리서로 출간되는 것이
감개무량할 따름입니다.

케빈정/알에이케이 투자윤리연구센터(이하, "본 센터")는 RAK 회장인 케빈정
과 ㈜알에이케이자산운용의 기부를 받아 설립된 기관입니다. 본 센터는 기부자이신
케빈정 회장님과 건국대학교 부동산학과 교수님들의 뜻을 모아 대한민국 최초로 부
동산산업의 윤리에 대하여 연구하는 기관으로 출발하였습니다.

본 센터는 부동산 투자운용 전문가 및 부동산산업 종사자들의 직업윤리를 고취
할 수 있도록 건국대학교 부동산학과와 부동산대학원에서 '부동산산업 윤리' 강좌를
필수과목으로 진행하고 있으며, 부동산산업 윤리 연구를 지원함으로써 불모지와도
같던 부동산산업 윤리 분야에 기여하고 있습니다. 또한 부동산 투자와 경영 활동의
투명성을 제고하기 위한 학문적 노력의 초석을 닦아 나감으로써 투명하고 선진화된
부동산시장과 산업이 되도록 고민하고 있습니다.

이를 위하여 윤리투자와 사회책임투자로 연구의 영역을 확대하고, 기업의 재무
적 요소뿐만 아니라 ESG 요소, 즉 환경(Environmental), 사회(Social), 지배구조
(Governance) 등과 같이 기업의 지속가능성에 영향을 미치는 비재무적 요소도 고려
하는 부동산책임투자(Responsible Property Investment) 즉, 부동산투자에 사회책임
투자의 원칙을 적용한 행위규범인 부동산책임투자로 연구의 영역을 확대하고, 이들
에 대한 평가지표 중 하나인 사회적 투자수익률(SROI: Social Return On Investment)
에 대한 연구로 그 영역을 넓혀나갈 것입니다.

본 센터의 초대 센터장이신 조주현 교수님은 2016년 국토교통부에서 제정한 제1회 부동산산업의 날에 맞추어 '부동산산업의 윤리'를 발간한 바 있습니다. 금번에는 부동산산업의 여러 분야 중에서 부동산개발(백민석), 부동산금융(강민석, 남영우), 부동산자산관리(윤동건), 감정평가(김재환)에 대한 윤리서를 발간하게 되었습니다.

부동산산업 윤리 시리즈의 두 번째 발간을 계기 삼아 더욱 도약하고 부동산산업의 투명화, 선진화에 더욱 기여하는 케빈정/알에이케이 투자윤리연구센터가 되도록 노력하겠습니다. 이 책의 발간까지 물심양면 지원을 아끼지 않으신 케빈정 회장님과 ㈜알에이케이자산운용, 그리고 신종칠 부동산과학원장, 이현석 부동산·도시연구원장, 부동산학과의 모든 교수님들과 집필진들께 감사의 인사를 드립니다. 마지막으로 이 책의 시리즈가 나오기까지 오랫동안 고생하신 박영사의 노현 이사와 전채린 과장, 원고의 교열을 맡아 수고한 신은정 책임연구원, 강민영, 고성욱, 음세호 원생에게 감사를 전합니다.

2020.11

케빈정/알에이케이 투자윤리연구센터장 유선종

PART 04
부동산 평가 윤리 개선방안

PART

01

부동산 평가업의
개관

01
부동산평가의 개념

1) 감정평가 용어의 정의

　감정이란 사물의 진위(권리분석), 선악(물리적·기능적 하자), 적부(용도의 적합) 등을 판정하는 것이고, 평가란 물건의 가격을 판정하는 것으로 화폐단위로 계량화하는 과정이나 행동을 의미한다.

　감정평가는 객관적 가치를 측정하여 화폐액으로 표시하는 것이라 할 때, 경제학이라는 학문이 사라지지 않는 이유가 환경변화나 법령 등이 변화하더라도 계속적으로 가치측정이 수행되어야 하므로 그러한 가치측정업무를 수행하는 감정평가는 가장 중요한 업무로 존재한다.

　감정평가는 합리적인 시장에서 형성되어야 할 정상적인 시장가치를 표시할 가격을 감정평가 주체가 정확하게 파악하는 것을 중심으로 한 작업이라 할 수 있다.

　이는 일정한 능력을 소유한 전문가에 의해서만 가능한 일이기 때문에 "감정평가는 부동산가격에 관한 전문가의 판단이자 의견"이라고 볼 수 있다. 사회적·경제적 발전에 따라 산업화 및 고도의 자본주의화가 진행되면서 사회관계에서 발생하는 분쟁이 고도의 전문적 지식을 가져야 하는 경우가 많아짐에 따라 새롭게 개발되는 과학기술문제는 물론이고, 경영기법, 금융상품, 이익산출기법 등 사업관련 문제 등 전문영역이 늘어나면서 전문적 영역의 감정은 이

전과 비교할 수 없을 정도로 중요성이 더 해가고 있다.[1]

2) 감정평가에 관한 법률·규정

「감정평가 및 감정평가사에 관한 법률」에서 감정평가란 "토지 등의 경제적 가치를 판정하여 그 결과를 가액으로 표시하는 것"으로 정의한다.[2]

다시 말해 감정평가란 "재산의 경제적 가치의 판정과 그 결과의 가액표시"라고 할 수 있으며,[3] 또한 「감정평가 실무기준」에서는 부동산공시법 제2조 제7호의 감정평가와 동일하게 규정하고 있다.

여기서 감정평가의 대상은 '토지 등'이고, 감정평가를 하여 구하고자 하는 가치는 경제적 가치이며, 감정평가는 토지 등의 경제적 가치를 판단하는 행위로서 그 결과를 일정요건에 맞추어 가액으로 표시하는 것에 이르러야 효력이 있는 감정평가라 할 수 있다.

3) 감정평가의 대상

「감정평가 및 감정평가사에 관한 법률」 제2조 제1호에 "토지 등"이란 토지 및 그 정착물, 동산, 그 밖에 대통령령으로 정하는 재산과 이들에 관한 소유권 외의 권리를 말하며, 다음과 같은 대상을 포함한다.
- 동산
- 부동산
- 대통령령이 기타 정하는 대상
  ① 저작권, 공업소유권, 어업권, 광업권, 기타 물건에 준하는 권리

---

1 한국감정평가협회, 『2016 감정평가사 집합연수 교육』, 한국감정평가협회. 2016, p.5.
2 부동산가격공시 및 감정평가에 관한 법률(이하 "부동산가격공시법"이라 약칭한다.) 제2조 제7호
3 이선영, 「토지 등의 감정평가권 법리에 관한 연구」, 감정평가연구 제13집 제1호, p.41.

② 광업재단저당법에 의한 광업재단

③ 공장저당법에 의한 공장재단

④ 입목에 관한 법률에 의한 입목

⑤ 자동차, 건설기계, 선박, 항공기 등 관계법령에 의하여 등기 또는 등록하는 재산

⑥ 유가증권

4) 감정평가의 이론적 개념

일본의 부동산감정평가기준에서도 감정평가란 「부동산의 가격에 관한 전문가의 판단이자 의견」으로 정의하며,[4] 미국감정평가협회(Appraisal Institute)에서는 감정평가를 'appraisal'과 'valuation', 'evaluation' 등의 용어들을 혼용해서 사용하고 있으며, 그 중 주로 'appraisal'을 사용하고 있다. 이들 개념을 동일하게 인식할 것인가에 관하여 1원설, 2원설 또는 3원설이냐 하는 논란이 있다.

먼저 1원설의 경우, 감정(appraisal)과 평가(valuation)의 두 개념을 동일한 하나의 과정으로 인식하는 입장이다. 즉, 감정은 평가의 선행과정이므로 구분할 필요가 없다고 보는 견해이다.

2원설의 경우, 감정(appraisal)이란 사실의 규명·선약 등을 판단하는 가치판정의 과정(process)이고, 평가(valuation)란 가치판정의 결과를 화폐액으로 표시하는 작업(output)이라 하여 이를 구분하는 견해이다. 다시 말해, 감정과 평가는 그 개념이 엄격히 다르므로 이를 구분해야 할 필요가 있으며, 이를 구분함으로 평가이론의 성장에 도움을 주고 부동산 평가 전문인의 육성에 있어서도 감정평가의 개념에 관한 논의를 더욱 넓게 해봄으로써 그의 자질향상을 도모하게 되는 실익이 있다는 것이다.[5]

---

4 장희순·방경식, 「요설 부동산감정평가기준」, 2004.3, p.42.

3원설의 경우, 미국감정평가협회에서 발간한 부동산용어사전(The Dictionary of Real Estate Appraisal)에서는 'valuation', 'evaluation'을 각각 정의하며, 통일전문감정평가기준(USPAP: Uniform Standards of Professional Appraisal Practice)에서 'appraisal consulting'에 대한 별도의 정의를 내리고 있기에 이에 따른 3원설이 주장되기도 한다. 감정평가의 개념은 그것을 보는 입장에 따라 달라지기 때문에 평가 개념 이외에도 부동산의 효용성, 개발의 타당성 분석, 시장성 및 투자 분석, 토지이용계획, 개발종합계획, 정상가격 이외의 가치추계와 같은 다원적인 개념으로 파악할 수 있다는 것이다.

상기 3가지 이론적 개념과 관련된 각각의 주장은 나름대로 논리적인 타당성을 지니고 있다.

1원설은 감정평가라는 부동산 활동을 기능면에서 볼 때, 단일한 서비스라는 점에 초점을 둔 견해이며, 2원설이나 3원설은 감정평가라는 개념이 그의 전문적 기능 이전에 내포하고 있는 행위의 과정 면에서 상호 분리되기에 각각 구분되는 행위는 진위판단, 조사하는 행위와 평가라고 하는 행위, 그리고 최유효이용분석이라고 하는 행위 등으로 분리된다고 보는 입장이다. 따라서 현행법 및 실무적으로 이를 구분하지 않고 혼용하고 있다.[6]

---

5 이창석, 「기본강의 감정평가」, 리북스, 2013, p.310.

6 정명선·이창석, 「부동산감정평가업의 현황과 실태분석」, 대한부동산학회지 제27권 제 1호, p.28.

02

우리나라 부동산평가
산업구조 특성

1) 감정평가사 제도와 업무영역

우리나라의 감정평가사 제도는 1972년 「국토이용관리법」을 제정하면서 동법 제29조 제4항에 토대를 두고 처음으로 토지평가사라는 전문자격제도를 도입하였고, 1973년에는 「감정평가에 관한 법률」을 제정하여 주로 금융기관의 담보물건을 전문적으로 평가할 목적으로 공인감정사라는 전문자격제도를 도입하였다.[7]

토지평가사와 공인감정사는 유사한 업무를 수행함에도 이원화되어 있었는데, 유사업무에 대한 평가체계가 달라 평가가격이 상이하고 편차도 심하였다. 이에 따라 1989년 7월 1일부터 시행(1989년 4월 1일 공포)된 「지가공시 및 토지 등의 평가에 관한 법률」의 규정에 의하여 실시된 제도로 종전의 토지평가사제도와 공인감정사제도를 통합 일원화시켜 감정평가사가 탄생하게 되었다.

「부동산 가격공시 및 감정평가에 관한 법률」의 제정 이유는 정부가 매년 전국의 토지 중에서 표준지를 선정하고 이에 대한 적정가격을 조사·평가하여

---

6 김용창, 「한국 부동산평가 산업구조 특성 및 개편방안 연구」, 공간과사회 통권제24호, 2005, p.251.

이를 공시함으로써 관련기관에서 토지를 평가할 때에 이를 기준으로 하도록 하여 다원화되어 있던 토지평가제도를 체계화하고, 또한 토지평가사와 공인감정사로 이원화되어 있는 감정평가자격을 감정평가사로 일원화하여 토지·건물·동산 등에 대한 감정평가 제도를 효율화하려는 것이다.

「부동산 가격공시 및 감정평가에 관한 법률」은 토지의 적정가격을 평가·공시하여 지가산정의 기준이 되게 하고, 토지·건물·동산 등의 감정평가에 관한 사항을 정함으로써 이의 적정한 가격형성을 도모하며, 나아가 국토의 효율적인 이용과 국민경제의 발전에 이바지하게 함을 목적으로 제정 공포되어 시행되어 왔으며, 2016년에 「부동산 가격공시에 관한 법률」과 「감정평가사에 관한 법률」로 분리·공포되어 시행되고 있다.

업무영역은 다음의 [표 1-1]과 같이 정리된다.

■ [표 1-1] 부동산평가의 업무내용

| 공시지가 | • 표준지공시지가의 조사·평가
- 공시지가라 함은 「지가공시 및 토지 등의 평가에 관한 법률」에 근거해 국토교통부장관이 감정평가사에게 의뢰하여 토지이용상황이나 주변환경 기타 자연적, 사회적, 조건이 일반적으로 유사하다고 인정되는 일단의 토지 중에서 대표할 수 있는 표준지를 선정하고 적정가격을 조사·평가하여 국토교통부장관이 결정·공시한 매년 1월 1일 기준의 단위면적당(㎡) 가격을 말하며 이를 공시지가 또는 표준공시지가라고 함. 이 가격은 1989년 토지 공개념이 도입되면서 행정자치부의 과세시가 표준액, 건설교통부의 기준시가, 국세청의 기준시가, 감정원의 감정시가 등을 일원화시켜 1989년 7월부터 시행한 것임.
- 개별공시지가는 국토교통부장관이 매년 공시하는 표준지공시지가와 토지가격비준표를 기준으로 토지 소재지 구청장이 관할구역내 토지의 특성을 조사하고 그 특성을 표준지공시지가의 토지 특성과 비교하여 지가를 산정한 후 감정평가사의 검증과 토지소유자의 의견수렴, 시토지평가위원회 심의 및 건설 교통부장관의 확인절차 등을 거쳐 군수가 결정·공시하는 개별토지의 단위면적당(㎡) 가격을 말함. 개별공시지가는 양도소득세·상속세·종합토지세·취득세·등록세 등 국세와 지방세는 |

	물론 개발부담금·농지전용부담금 등을 산정하는 기초자료로 활용됨. 공시지가 열람은 해당 표준지가 속한 시·군·구에서 가능하며 공시된 지가에 이의가 있는 토지소유자 및 법률상 이해관계자는 공시일로부터 30일 이내에 국토교통부 장관에게 서면으로 이의를 신청할 수 있음.
표준주택	• 표준주택 가격의 조사·평가 – 표준주택이라 함은 전국 아파트와 다세대, 연립주택을 제외한 약 470만 가구에 달하는 단독주택 중 선정되는 대표성이 있는 약 20만 가구의 주택을 말하며, 이에 대해 주택소유자 의견청취와 중앙부동산평가위원회 심의 등을 거쳐 확정되는 가격을 표준주택 가격이라 함. 표준주택가격은 주택도 토지에 적용되는 공시지가와 마찬가지로 정부가 건물과 부속토지를 일체로 평가해 그 가격을 공시하는 제도임.

보상	• 공공용지의 매수, 수용 등 각종 공공사업과 관련된 보상감정평가
	  – 공공용지의 매수, 수용 등 각종 공공사업과 관련되어 그 대가로 현금, 채권, 권리 등을 받는 것을 말함. 공익사업으로는 택지개발, 도시정비, 도시개발, 도시계획시설, 산업단지조성 등으로 주택건설을 비롯한 군사시설, 철도, 도로, 학교, 공원, 문화시설 등 광범위하게 적용되고 있음. 또한 보상평가와 관련한 감정평가사 선정에 있어 일정요건을 갖추면 소유자의 추천도 가능함. 보상평가 권리구제 절차는 협의 감정평가, 손실보상협의, 수용재결신청, 이의재결신청, 행정소송 등의 순으로 진행되는데, 개인이 대응하기에는 한계가 있어 통상은 법무법인에 위임하여 진행하고 있음.
	  – 법무법인에서는 보상에 대한 정보공개를 청구하고 감정평가서를 분석하여 저평가된 원인을 파악하여 재감정을 위한 현장조사 때 동행하여 의견서를 제출하기 때문에 개인이 요청하는 것보다 보상금 증액에 유리한 편임.

조세	– 국세, 지방세 등의 부과기준 가격산정을 위한 감정평가, 개발부담금 부과기준 가격산정을 위한 감정평가
조성용지 분양	– 「국토의 계획 및 이용에 관한 법률」 등 관계법령에 의하여 조성된 주거용지, 공업용지, 관광용지 등의 가격산정을 위한 감정평가 토지구획정리, 경지정리지구 등의 환지청산 또는 체비지매각을 위한 토지의 감정평가
관리처분	• 관리처분계획수립에 필요한 감정평가 – 「도시 및 주거환경정비법」에 의해 정비사업을 시행하는 경우 주거환경개선사업을 제외한 나머지 재개발 재건축 및 도시환경정비사업의 경우에 사업 시행 후 조합원들에게 분양되는 대지나 건축시설에 대한 배분계획인 관리처분계획이 반드시 수립되어야 함.

자산관리	• 금융기관, 정부투자 또는 출자기관 기타 공공단체의 자산매입 · 매각, 담보, 관리를 위한 감정평가 − 「사립학교법」, 「사회복지사업법」 등의 법률에 의한 자산매입 · 매각 등을 위한 감정평가
경매 및 소송	• 법원에 계류중인 경매, 민 · 형사 및 행정소송 등을 위한 재산의 감정평가
담보	• 금융기관, 보험회사, 신탁회사, 농 · 수협, 시설대여(리스)회사, 창업투자회사 등의 담보물 감정평가 기업체의 대리점 개설 및 관리를 위한 담보물의 감정평가
일반거래	• 법인설립, 합병에 따른 자산감정평가 • 각종 인 · 허가, 이민수속 등을 위한 재산감정평가 기타 일반거래 및 재산관리를 위한 부동산 및 공장 등의 감정평가
부동산컨설팅	• 재개발, 재건축 등 공공사업의 채산성 분석과 권리변환 및 권리조정에 관한 조사 • 보상액 산정기준에 관한 조사 • 부동산의 최유효이용 방안에 관한 조사 • 부동산 의사결정에 관한 조사 • 부동산 입지선정에 관한 조사 • 부동산 투자분석, 개발사업 등의 타당성에 관한 조사 • 지가수준에 관한 조사 • 자산의 운용, 관리에 관한 조사 • 부동산의 가격 또는 임료산정에 관한 조사

2) 조직 및 운영방식

부동산평가와 관련한 이해단체는 사적기구와 공적기구로 나눌 수 있으며, 추가적으로 이공분야의 기술가치 평가협회까지 확대하여 살펴보면 다음과 같다.

(1) 한국감정평가사협회

한국감정평가사협회는 「감정평가 및 감정평가사에 관한 법률」 제33조에 따라 설립된 국토교통부 산하의 법정단체로, 정확하고 공정한 감정평가를 통하여

'국민재산권 보호' 및 '국가경제 발전'에 기여하고 있다(※ 舊 지가공시 및 토지 등의 평가에 관한 법률 제30조, 舊 부동산 가격공시 및 감정평가에 관한 법률 제40조).

이는 감정평가사의 전문성 제고와 품위유지, 권익보호 및 복지증진, 감정평가 기법 및 업무의 개발, 감정평가제도의 개선 및 국제교류의 증진으로 감정평가업의 건전한 발전도모, 국민재산권 보호 및 국가경제 발전에 기여함을 목적으로 설립되었다.

또한, 감정평가업자와 소속 감정평가사는 협회의 회원이 되며, 감정평가사로서의 품위를 유지하고 협회정관 및 제 규정을 준수하여야 하고, 협회임원으로는 회장과 협회의 정관이 정하는 수의 부회장, 이사 및 감사를 둔다. 회장은 협회가 선출하여 건설교통부장관의 승인을 얻어야 한다.[8]

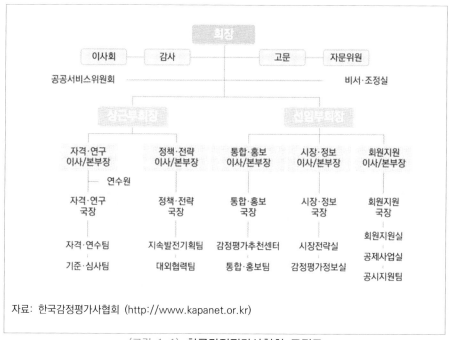

자료: 한국감정평가사협회 (http://www.kapanet.or.kr)

〈그림 1-1〉 한국감정평가사협회 조직도

---

7 건설교통부, 「지가공시에 관한 연차보고서」, 2006, p.167.

(2) 한국감정원

　한국감정원은 부동산의 가격공시 및 통계·정보 관리 업무와 부동산시장 정책지원 등을 위한 조사·관리 업무를 수행하도록 함으로써 부동산 시장의 안정과 질서유지를 목적으로 설립되었으며, 부동산 시장질서 확립을 위한 업무수행 성과 및 전문성과 축적된 부동산정보 DB를 바탕으로, 조사·관리 및 공시·통계 분야의 부동산 전문기관을 지향하고 있다.

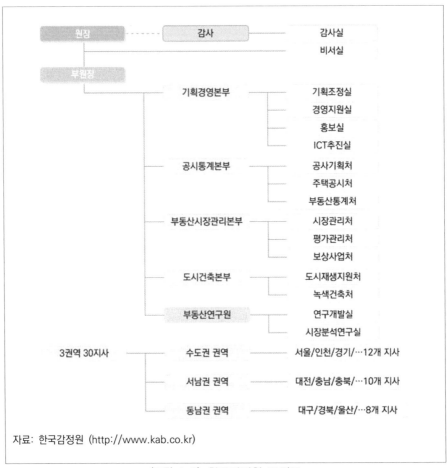

자료: 한국감정원 (http://www.kab.co.kr)

〈그림 1-2〉 한국감정원 조직도

의사결정기구로 주주총회와 이사회가 있으며 임원은 원장, 부원장, 감사로 구성되어 있으며, 조직으로는 기획경영본부 등 4부와, 연구개발실, 시장분석연 구실과 전국에 3권역 30지사로 구성되어 있다.

(3) 한국기업기술가치평가협회

한국기업기술가치평가협회(Korea Valuation Association)는 국제적인 호환성 을 갖는 가치평가 기준 구축, 가치평가 관련 사례분석 및 기법연구, 가치평가 와 관련한 다양한 교육의 제공, 기업·기술가치평가사의 양성 및 관리, 기술 및 기술기반기업의 가치평가 및 컨설팅 국제가치평가사협회(IACVS)의 한국 내 지부활동을 통하여 기술 및 지식의 사업화에 기여하고 기술의 기반을 둔 비즈 니스, 벤처기업 및 M&A 평가지원을 통하여 시장경제 활성화에 이바지하고 나 아가 국가 과학기술의 진흥과 산업발전에 기여함을 목적으로 2000년 7월 4일 설립된 비영리 사단법인이다.

주요 활동으로는 올바른 기술 및 기술기반기업의 평가를 통해 안정적인 투자환경을 구축하며, 가치평가 및 기술평가 관련 전문가 및 사용자들이 쉽 게 이해하고 사용할 수 있는 기업·기술가치평가 기본모형을 구축·제공하고 있다.

부설 가치평가센터를 중심으로 기업 및 기술에 관한 가치평가서비스를 제공 하며 가치평가센터를 중심으로 각 분야의 전문가로 구성된 멘토 그룹의 참여로 양질의 평가서비스를 제공한다. 또한, 각 기업의 가치경영 및 지식자산관리, 하 이테크 마케팅을 지원하는 컨설팅서비스를 제공하며, 가치평가 및 기술평가 전 문가의 여러 활동을 지원하기 위해 다양한 교육서비스를 제공하고 있다.

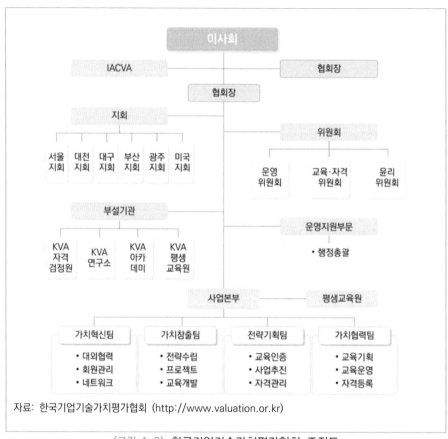

자료: 한국기업기술가치평가협회 (http://www.valuation.or.kr)

〈그림 1-3〉 한국기업기술가치평가협회 조직도

3) 부동산업의 산업분류

한국표준산업분류표에 따른 부동산업은 다음과 같은 분류코드와 내용으로 구성되어 있다.[9]

■ [표 1-2] 한국표준산업분류표

대분류		중분류		소분류		세분류		세세분류	
코드	항목명	코드	항목명	코드	항목명	코드	항목명	코드	항목명
L	부동산업 (68)	68	부동산업	681	부동산 임대 및 공급업	6811	부동산 임대업	68111	주거용 건물 임대업
								68112	비주거용 건물 임대업
								68119	기타 부동산 임대업
						6812	부동산 개발 및 공급업	68121	주거용 건물 개발 및 공급업
								68122	비주거용 건물 개발 및 공급업
								68129	기타 부동산 개발 및 공급업
				682	부동산 관련 서비스업	6821	부동산 관리업	68211	주거용 부동산 관리업
								68212	비주거용 부동산 관리업
						6822	부동산 중개, 자문 및 감정 평가업	68221	부동산 중개 및 대리업
								68222	부동산 투자 자문업
								68223	부동산 감정 평가업

자료: 제10차 한국표준산업분류표(http://www.kssc.kostat.go.kr)

---

9 생산주체들이 수행하는 각종 상품과 서비스의 생산활동을 일정한 분류기준과 원칙을 적용하여 체계적으로 분류한 것이다.

1. 부동산업(L) Real estate activities

직접 건설, 개발하거나 구입한 각종 부동산(묘지 제외)을 임대, 분양 등으로 운영하는 산업활동, 수수료 또는 계약에 의하여 타인의 부동산 시설을 유지, 관리하는 산업활동, 부동산 구매, 판매 과정에서 중개, 대리, 자문, 감정평가 업무 등을 수행하는 산업활동을 말한다.

1) 부동산업(68) Real estate activities

설명부동산의 임대, 구매, 판매에 관련되는 산업활동으로, 직접 건설한 주거용 및 비주거용 건물의 임대활동과 토지 및 기타 부동산의 개발·분양, 임대 활동도 포함한다.

제외 묘지 개발 공급 및 임대(96922)

(1) 부동산임대 및 공급업(681) Real estate activities with own or leased property

(i) 부동산 임대업(6811) Renting of real estate

자기 소유 또는 임차한 각종 부동산을 임대하는 산업활동을 말한다.

제외 직접 건물을 건설하여 분양할 경우(411), 호텔, 여관, 야영시설 및 기타 숙박시설 운영(단기적인 임대)(551)

가. 주거용 건물 임대업(68111) Renting of residential buildings

주거용 건물 및 건물 일부를 임대하는 산업활동을 말한다. 주로 1개월을 초과하는 기간으로 임대 기간을 약정하며, 가구 등 집기류를 포함하여 임대할 수 있다.

예시 주택 임대, 노인 전용주택 임대, 아파트 임대, 이동 주택 임대

나. 비주거용 건물 임대업(68112) Renting of non-residential buildings

사무, 상업 및 기타 비거주용 건물(점포, 사무실 포함)을 임대하는 산업활동을 말한다.

예시 사무실 임대, 쇼핑 센터 임대, 상점 임대, 시장 건물 임대, 오피스텔 임대(비주거용), 상업용 건물 임대, 공업용 건물 임대, 극장 임대

다. 기타 부동산 임대업(68119) Renting of other real estate

농업용 토지, 광물 채굴을 위한 토지 및 기타 부동산을 임대하는 산업활동을 말한다. 부동산과 관련한 권리를 임대하는 산업활동을 포함한다.

예시 토지 임대, 이동 주택 용지 임대, 공터 임대

(2) 부동산개발 및 공급업(6812) Development and subdividing of real estate

직접적인 건설활동을 수행하지 않고 일괄 도급하여 개발한 농장·택지·공업용지 등의 토지와 건물 등을 분양·판매하는 산업활동을 말한다. 구입한 부동산을 임대 또는 운영하지 않고 재판매하는 경우도 포함한다.

예시 건물 위탁 개발 분양, 부동산 매매
제외 자영 건축물 건설(411)

(i) 주거용 건물 개발 및 공급업(68121) Development and subdividing of residential buildings

직접 건설활동을 수행하지 않고 전체 건물 건설공사를 일괄 도급하여 주거용 건물을 건설하고, 이를 분양·판매하는 산업활동을 말한다. 구입한 주거용 건물을 재판매하는 경우도 포함한다.
예시 아파트 위탁 개발 분양, 주택 위탁 개발 분양

(ii) 비주거용 건물 개발 및 공급업(68122) Development and subdividing of non-residential buildings

직접 건설활동을 수행하지 않고 전체 건물 건설공사를 일괄 도급하여 비주거용 건물을 건설하고, 이를 분양·판매하는 산업활동을 말한다. 구입한 비주거용 건물을 재판매하는 경우도 포함한다.
예시 사무용 건물 위탁 개발 분양

(iii) 기타 부동산 개발 및 공급업(68129) Development and subdividing of other real estate

택지, 농지 및 농장, 공업용지 등 각종 용도의 토지 및 기타 부동산을 위탁 또는 자영 개발하여 분양·판매하는 산업활동을 말한다. 구입한 토지를 재판매하는 경우도 포함한다.
예시 농지개발 분양·판매, 용지개발 분양·판매, 토지개발 분양·판매, 광산용지 개발 판매
제외 묘지 분양(96922)

(3) 부동산관련 서비스업(682) Real estate activities on a fee or contract basis

(i) 부동산관리업(6821) Management of real estate

수수료 또는 계약에 의하여 타인의 부동산 시설을 유지 및 관리하는 산업활동을 말한다. 부동산 관리활동에는 집세 수납, 경비 및 청소활동이 부수적으로 수반될 수 있으나 개별 가구 또는 사업장의 내부 시설에 대해서는 직접적인 관리서비스를 제공하지 않는다.
예시 주거용 부동산 관리(유지, 개·보수 등), 비주거용 부동산 관리(유지, 개·보수 등)

제외 건물 청소(7421) 및 소독 활동(7422), 사업시설 관리 활동(7410)

가. 주거용 부동산 관리업(68211) Management of residential real estate
타인을 위하여 주거용 부동산을 관리하는 산업활동을 말한다.
예시 아파트 관리

나. 비주거용 부동산 관리업(68212) Management of nonresidential real estate
타인을 위하여 비주거용 부동산을 관리하는 산업활동을 말한다.
예시 사무용 건물 관리
제외 사업시설 유지 · 관리 서비스(74100)

(ii) 부동산 중개, 자문 및 감정 평가업(6822) Real estate brokerage, consultancy and appraisal

가. 부동산 중개 및 대리업(68221) Real estate agents and brokers
수수료 또는 계약에 의해 건물, 토지 및 관련 구조물 등을 포함한 모든 형태의 부동산을 구매 또는 판매하는 데 관련된 부동산 중개 또는 대리 서비스를 제공하는 산업 활동을 말한다.
예시 토지 판매 중개 서비스, 부동산 판매 대리업, 건물 거래 중개업, 부동산 임대 중개업, 토지 임대 중개업, 부동산 소유권 조사 서비스
제외 부동산 중개, 대리 계약과 관련 없이 투자와 관련하여 독립적으로 실시되는 자문 서비스업(68222)

나. 부동산 투자 자문업(68222) Real estate investment consultancy
수수료 또는 계약에 의해 건물, 토지 및 관련 구조물 등을 포함한 모든 종류의 부동산을 구매 또는 판매하는 데 관련된 부동산 투자 자문서비스를 제공하는 산업활동을 말한다. 부동산 중개 및 대리와 관련된 자문서비스는 제외한다.
예시 부동산 구매 자문 서비스업, 부동산 판매 자문 서비스업
제외 부동산 중개, 대리와 관련하여 부수적으로 실시하는 자문 서비스업(68221)

다. 부동산 감정 평가업(68223) Real estate appraisal
수수료 또는 계약에 의해 부동산 임대, 부동산 판매 등에 따른 부동산 감정 평가 업무를 수행하는 산업활동을 말한다.
예시 부동산 감정 평가 사무소, 부동산 감정 평가법인

03
부동산평가업 현황

1) 감정평가사 현황

2018년 기준 한국감정평가사협회에 등록되어 있는 감정평가사는 3,921명으로 집계되었다.

이 중 63.7%인 2,498명이 대형감정평가법인의 본사와 지사를 포함하여 소속되어 있으며, 중·소형감정평가법인 소속 감정평가사는 전체의 20.2%인 793명이었으며, 전체의 16.1%인 630명이 개인사무소에 소속되어 있다.

[표 1-3]을 보면 전체 감정평가사는 3,921명으로 서울, 인천, 경기에 2,470명으로 전체의 63%를 차지하고 있다.

이렇게 상당수 감정평가사는 수도권에 집중화되어 있는데, 감정평가의 대상이나 신뢰도에 있어 수도권 소재 감정평가법인이나 사무소에 대한 쏠림 현상은 당연한 것처럼 보이나 지역 전문성 제고라는 측면에서는 아쉬운 부분이다.

구분	합계	법인					사무소
		계	대형법인		중·소형법인		
			본사	지사	본사	지사	
합계	3,921 (1,044)	3,291 (431)	861 (13)	1,637 (177)	247 (51)	546 (190)	630 (613)
서울특별시	1,263 (213)	1,113 (67)	861 (13)	0 (0)	244 (50)	8 (4)	150 (146)
인천광역시	276 (74)	237 (36)		167 (13)		70 (23)	39 (38)
경기도	931 (346)	695 (119)		464 (39)	3 (1)	228 (79)	236 (227)
강원도	93 (27)	84 (18)		68 (13)		16 (5)	9 (9)
충청북도	96 (27)	89 (20)		73 (13)		16 (7)	7 (7)
충청남도	211 (69)	172 (30)		125 (15)		47 (15)	39 (39)
전라북도	102 (36)	84 (18)		74 (13)		10 (5)	18 (18)
전라남도	178 (46)	153 (21)		133 (13)		20 (8)	25 (25)
경상북도	256 (70)	214 (28)		166 (14)		48 (14)	42 (42)
경상남도	449 (118)	388 (60)		307 (31)		81 (29)	61 (58)
제주특별 자치도	66 (18)	62 (14)		60 (13)		2 (1)	4 (4)

자료: 한국감정평가사협회, 2018년

[표 1-4]는 2005년 대비 2017년 7월 기준, 감정평가업자 현황으로 2005년 기준 한국감정평가사협회에 등록된 감정평가사는 2,054명[10]이며, 법인(본사와 지사를 포함)에 소속된 감정평가사 수는 1,819명이다.

　　이 중 전체의 81.3%인 1,669명이 대형법인에 소속되어 있고 중·소형법인은 전체의 7.3%인 150명이며, 전체의 235명(11.4%)이 개인사무소에 소속되어 있었다.

　　2017년 7월 기준 한국감정평가사협회에 등록된 감정평가사는 전체 3,845명[11]으로, 전체의 65.1%인 2,502명이 대형감정평가법인 소속이었다.

　　이 중 전체의 18.4%인 708명이 중·소형감정평가법인 소속으로 등록되어 있었고, 개인사무소에 635명(전체의 16.5%)이 등록되어 있는 것으로 확인되었다.

　　앞서 2017년 기준하여 볼 때, 2005년보다 대형감정평가법인에 근무하는 감정평가사의 비율은 감소하였으며 중·소형감정평가법인과 개인사무소에 근무하는 비중이 많이 증가한 것을 확인할 수 있다.

　　상대적으로 보면 중·소형감정평가법인 소속 감정평가사의 수가 대형감정평가법인 소속 감정평가사의 수나 개인사무소 감정평가사 수보다 많이 증가한 것으로 보인다.

　　이같이 소속 감정평가사의 수는 2005년 대비 2017년 다음과 같이 증가율을 수치화할 수 있다. 대형법인이 149.9%, 중·소형법인이 472%, 개인사무소가 270.2% 증가하였다.

10　한국감정원 소속 감정평가사 제외.
11　한국감정원 소속 감정평가사 제외.

구분	법인		개인사무소	계
	대형	중·소형		
2005년 감정평가사 수 (사무소 수)	1,669(13)	150(31)	235	2,054
전체 감정평가사 대비비율	81.3%	7.3%	11.4%	100.0%
2017년 감정평가사 수 (사무소 수)	2,502(13)	708(45)	635	3,845
전체 감정평가사 대비비율	65.1%	18.4%	16.5%	100.0%

자료: 한국감정평가사협회, 2018년

2) 감정평가시장 규모

감정평가 시장규모는 평가수수료 신고액을 바탕으로 살펴볼 수 있는데, 2005년은 3,433억원에서 2017년에는 7,649억원으로 약 220% 상승하였다[표 1-5].

■[표 1-5] 감정평가시장 규모   (단위: 천원, 평가수수료 신고액 기준)

구분	2005년	2017년
시장 규모	343,353	764,870

자료: 한국감정평가사협회, 2018년

1인당 감정평가 수수료를 살펴보면, 전체적으로는 2005년 16,700만원에서 2017년 19,900만원으로 약 3,200만원 정도 상향된 것을 확인할 수 있다.[12]
감정평가사의 업태별 1인당 수수료를 보면, 대형감정평가법인이 2005년에

---

12 신은정, 「감정평가법인의 윤리적 역량과 감정평가의 신뢰성에 관한 연구」, 건국대 박
사학위논문, 2017, p.28.

는 18,200만원에서 2017년 24,850만원으로 136.5% 증가한 데 반해, 중·소형 감정평가법인이 2005년 17,190만원에서 2017년 16,026만원으로 다소 감소한 것으로 나타났다.

개인사무소 역시 2005년에 5,850만원에서 2017년 4,658만원으로 감소한 것으로 [표 1-6]을 통해 확인된다. 이는 감정평가업자 현황에서 알 수 있듯이 업태별 소속 감정평가사의 증가와도 밀접한 관련이 있다고 볼 수 있다.

■ [표 1-6] 감정평가 업태별 1인당 수수료 　　　　　　　　　　　　(단위: 천원)

대형법인		중·소형 법인		개인사무소		합계	
2005년	2017년	2005년	2017년	2005년	2017년	2005년	2017년
182,030	248,531	171,975	160,265	58,504	46,580	167,163	198,926

자료: 한국사감정평가사협회, 2018년

3) 감정평가 업태별 시장 현황

감정평가 업태별 업무수주의 불균형은 앞서 살펴본바, 주된 이유는 '대형 감정평가법인제도'와 이에 따른 표준지 공시업무 인센티브제도로 볼 수 있다.

규정에 따르면 표준지 공시업무의 참여는 '직전 1년간 소속 감정평가사 수 50인 이상'이면 참여할 수 있다고 되어 있으나, 실제로 인센티브를 받기 위해서는 주·분사무소 요건을 충족해야 한다.

이 조건을 충족할 경우 소속 감정평가사가 100인 이상이 되는 상황으로, 공시업무 배정을 위한 기준의 충족이 쉽지 않은 것이 사실이다. 특히, 중소형 감정평가 법인의 규모와 사업 현실상 감정평가사를 100인 이상 두는 것은 불가능한 일이다. 이러한 표준지 공시업무 인센티브제도는 감정평가시장 수주 불균형과 시장 교란의 주된 원인으로 지적되고 있다.

2005년과 2017년 업태별 감정평가업무 실적은 [표 1-7]과 같다.

2005년 대비 2017년 기준을 비교하면 대형감정평가법인은 2005년 88.5%

에서 2017년 81.3%로 다소 줄어든 것으로 나타났다.

또한, 중·소형감정평가법인의 업무실적비율은 2005년 7.5%에서 2017년 14.8%로 2배가량 상승했으며, 개인사무소는 2005년 4%에서 2017년 3.9%로 미미한 감소를 보였다.

앞서 업태별 1인당 수수료의 변화를 통해 볼 수 있듯 수주 불균형 문제가 갈수록 양산되고 있다.

■▪ [표 1-7] 업태별 감정평가 업무실적 현황 (단위: 천원, %)

대형법인		중·소형 법인		개인사무소		합계	
2005년	2017년	2005년	2017년	2005년	2017년	2005년	2017년
303,808	621,824	25,796	113,467	13,748	29,578	343,353	764,870
88.5%	81.3%	7.5%	14.8%	4%	3.9%	100%	100%

자료: 한국사감정평가사협회, 2018년

공적평가[13]의 기준을 보면 [표 1-8]과 같이, 개인사무소의 실적은 보고된 바가 없으며, 대형법인이 99.1%의 비중으로 거의 대부분을 수주하고 있다.

공적평가는 평가주체가 공적기관으로 신뢰도에 대한 시비를 예방하는 차원에서 대형법인으로 평가업무가 편중되고 있다.

보상평가는 대형법인이 70.8%, 중·소형 법인이 26.7%, 개인사무소가 2.5%로 전체 매출대비 비교적 업태별 균형을 유지한다고 볼 수 있다.

국공유재산매입매각평가도 위 보상평가와 수치가 크게 벗어나지 않는 전체매출대비 균형감이 있다. 그 비중은 대형법인이 77.7%, 중·소형 법인이 19.7%, 개인사무소가 2.6%를 나타내고 있다.

자산재평가[14]는 법인 또는 개인의 사업용 자산을 감정평가하는 업무이다.

_____

13 평가주체가 정부 기타의 공적기관이 직접 행하는 평가제도를 말한다.
14 법인 또는 개인의 기업에 소속된 사업용 자산을 시가에 맞도록 장부가액을 증액하는 것을 말한다.

대형법인이 82.7%로 대부분 높은 수치의 점유현황을 보이고, 이어 중·소형 법인이 15.7%, 개인사무소가 1.6%로 미미하게 뒤를 잇고 있다.

[표 1-8]과 같이 감정평가 시장점유현황 중 가장 큰 비중[15]을 차지하고 있는 담보평가[16]영역에서 대형감정평가법인(90.5%), 중·소형감정평가법인(9.4%), 개인사무소(0.1%)로 대형감정평가법인이 90% 이상의 감정평가 업무를 수주하고 있다.

이는 대형감정평가법인이라는 규모의 기준이 업계 전반에 신뢰도 제고라는 의미로 인지되어, 금융기관 등이 감정평가 업무 의뢰기준으로 준용되고 있음을 알 수 있다.

경매·쟁송 부분에서는 대형감정평가법인(28.6%), 중·소형감정평가법인(18.6%), 개인사무소(52.8%)로 개인사무소의 수주 비중이 다른 평가업무와는 반대로 나타났다.

개인사무소의 목적별 수익기반으로 보았을 때, 경매·쟁송 부분(79.8%)이 첫 번째 수익기반이나 경매·쟁송 영역의 전체 매출액이 담보평가나 일반거래 등의 업무영역보다 상대적으로 규모가 크지 않아, 대형감정평가법인 소속의 감정평가사와 개인사무소의 감정평가사의 1인당 수수료 차이가 크게 벌어지는 것으로 보인다.

개발부담금 택지비[17]와 관련한 감정평가 업무의 업태별 비중은 전체매출에 비례하여 적정 수준의 균형을 이루고 있다. 다만, 전체 평가업무의 시장점유 비중이 낮은 항목으로 대형법인은 78.7%, 중·소형법인은 15.6%, 개인사무소는 5.7%의 점유율을 보인다.

자문상담은 전체 감정평가 시장점유 비중이 0.2% 남짓 되는 것으로 업태

---

15 전체 감정평가시장의 39.1%. 2017년 말 기준이다.

16 금융기관이 대출할 때 채권을 확보하기 위해 담보로 잡은 대상 부동산의 가치를 평가하는 것이다.

17 국가 또는 지방자치단체로부터 허가·인가·면허 등을 받아 택지개발사업을 시행하는 사업자가 개발이익환수에 관한 법률에 의해 정부에 납부하는 부담금을 칭한다.

별 비중은 대형평가법인이 78.5%, 중·소형평가법인이 19.8%, 개인사무소가 1.7%를 차지하고 있다.

일반거래 등의 감정평가 업무는 전체 감정평가 매출액 비중의 약 30%를 차지하는 큰 평가 업무이다. 업태별 비중에 있어 비교적 균형적이라 할 수 있지만 여전히 업태별 큰 차이를 두고 있다. 점유현황은 대형감정평가법인이 80.8%로 가장 앞서 있고, 뒤를 이어 중·소형평가법인이 18.3%이며, 개인사무소가 0.9%로 명맥을 유지하는 수준으로 보인다.

■ [표 1-8] 2017년 감정평가 시장점유현황　　　　　　　　　　　　(단위: 천원, %)

구 분	대형법인		중·소형법인		개인사무소		합계	
공적 평가	45,882,382	99.1%	413,713	0.9%	–	0%	46,296,095	100%
보상 평가	64,193,299	70.8%	24,227,847	26.7%	2,200,049	2.5%	90,621,195	100%
국공유재산 매입매각평가	27,832,427	77.7%	7,069,671	19.7%	903,758	2.6%	35,805,856	100%
자산재평가	8,247,837	82.7%	1,566,318	15.7%	154,227	1.6%	9,968,382	100%
담보 평가	270,433,150	90.5%	28,339,837	9.4%	176,545	0.1%	298,949,532	100%
경매쟁송 평가	12,806,035	28.6%	8,295,729	18.6%	23,610,332	52.8%	44,712,096	100%
개발부담금 택지비	6,631,982	78.7%	1,317,313	15.6%	480,790	5.7%	8,430,085	100%
자문 상담	1,735,837	78.5%	438,315	19.8%	37,748	1.7%	2,211,900	100%
일반 거래 등	184,061,252	80.8%	41,799,126	18.3%	2,014,799	0.9%	227,875,177	100%
합 계	621,824,201		113,467,869		29,578,248		764,870,318	

자료: 한국감정평가사협회, 2018년

학습내용정리 Summary

01 감정이란 사물의 진위(권리분석), 선악(물리적·기능적 하자), 적부(용도의 적합) 등을 판정하는 것이고, 평가란 물건의 가격을 판정하는 것으로 화폐단위로 계량화하는 과정이나 행동을 의미한다.

02 감정평가는 객관적 가치를 측정하여 화폐액으로 표시하는 것으로 환경변화나 법령 등이 변화하더라도 계속적으로 가치측정이 이루어져야 하며, 그러한 가치 측정업무를 수행하는 감정평가는 가장 중요한 업무로서 이루어지고 있다.

03 또한 감정평가는 합리적인 시장에서 형성되어야 할 정상적인 시장가치를 표시할 가격을 감정평가 주체가 정확하게 파악하는 것을 중심으로 한 작업이라 할 수 있다.

04 감정평가의 대상은 「감정평가 및 감정평가사에 관한 법률」 제2조 제1호에 "토지 등"이란 토지 및 그 정착물, 동산, 그 밖에 대통령령으로 정하는 재산과 이들에 관한 소유권 외의 권리를 말한다.

05 감정평가사 제도는 1972년 「국토이용관리법」을 제정하면서 동법 제29조 제4항에 토대를 두고 처음으로 토지평가사라는 전문자격제도를 도입하였고, 1973년에는 「감정평가에 관한 법률」을 제정하여 주로 금융기관의 담보물건을 전문적으로 평가할 목적으로 공인감정사라는 전문자격제도를 도입하였으나, 토지평가사와 공인감정사는 유사한 업무를 수행함에도 이원화되어 있었는데, 유사업무에 대한 평가체계가 달라 평가가격이 상이하고 편차도 심하였다. 이에 따라 1989년 7월 1일부터 시행(1989년 4월 1일 공포)된 「지가공시 및 토지 등의 평가에 관한 법률」의 규정에 의하여 실시된 제도로 종전의 토지평가사제도와 공인감정사제도를 통합 일원화시켜 감정평가사가 탄생하게 되었다. 업무내용으로는 표준지 공시지가의 조사·평가, 표준주택 가

격의 조사·평가, 공공용지의 매수, 수용 등 각종 공공사업과 관련된 보상감정평가, 국세, 지방세 등의 부과기준 가격산정을 위한 감정평가 개발부담금 부과기준 가격산정을 위한 감정평가, 조성용지분양을 위한 토지의 감정평가, 관리처분계획수립에 필요한 가격 및 분양가격 산정을 위한 감정평가, 자산관리를 위한 감정평가, 경매 및 소송에 의한 감정평가, 담보물의 감정평가, 일반거래의 감정평가 및 부동산컨설팅 등 다양한 활동을 수반하고 있다.

예시문제 Exercise

01 　감정평가의 용어를 정의하고, 주요 내용을 설명하시오.

02 　감정평가의 대상을 나열하시오.

03 　감정평가의 정의에 있어 3가지 이론적 개념으로 구분하여 차이를 설명하시오.

04 　감정평가사의 출현 배경과 주된 업무 내용을 구분하여 설명하시오.

05 　부동산 평가 관련 이해단체를 사적기구와 공적기구로 구분하여 설명하시오.

부동산 평가의 윤리

01
부동산 평가실무와 특성

1) 부동산 평가실무

감정평가사들은 고객에게 여러 가지 다양한 서비스를 제공하는데, 이는 부동산의 가치추계뿐만 아니라, 고객이 갖고 있는 문제에 대한 조언과 상담 그리고 부동산의사결정에 대한 근거[1]를 제공한다.

부동산평가는 가치추계와 시장지역에 대한 조사와 연구, 관련 자료의 수집과 분석, 적절한 분석기법의 활용, 평가문제에 대한 해결책 모색 등 여러 영역을 포함하는 복합적인 전문 활동이다.

감정평가사들이 행하는 부동산 평가실무(appraisal practice)는 세 가지로 나누어지는데, 이는 가치추계(valuation), 평가컨설팅(appraisal consulting) 그리고 평가검토(appraisal review)이다.

감정평가사들이 행하는 부동산 평가의 첫 번째 업무는 가치추계이다. 부동산 평가의 주된 목적인 가치추계는 부동산에 결부된 여러 다양한 권익의 가치를 추계함을 의미하는데, 여기에는 시장가치뿐만 아니라 과세가치, 보상가치 보험가치 등 다양하며, 소유권의 일부인 부분권익의 가치까지도 포함하고 있다.

---

1   안정근, 「부동산 평가강의 제2판」, 양현사, 2009, p.12.

부동산에 결부된 여러 가치는 시장가치와 직접적으로 연계되어 있으며, 시장가치의 추계가 감정평가사들의 주된 업무로 실제 대부분의 업무를 차지하고 있다.

감정평가사들은 가치추계 뿐만 아니라 다양한 업무를 취급하는데, 두 번째 업무가 평가컨설팅이다. 이는 부동산의 수요와 공급분석, 토지의 활용방안 연구, 최유효이용분석, 시장성분석, 타당성분석, 투자결정에 대한 조언 등 이러한 일련의 업무를 평가컨설팅이라고 한다.

즉, 평가컨설팅이란 "부동산문제를 해결하기 위하여 자료를 수집·분석하고, 이에 대한 전문적인 가능한 대안을 제안하는 행위나 과정"으로 정의된다.

감정평가사들이 행하는 세 번째 업무는 평가검토이다. 평가검토란 "다른 사람이 작성한 평가보고서를 비판적으로 연구하는 행위 또는 과정"을 의미하며, 이를 행하는 감정평가사를 검토평가사(review appraiser)라고 한다.

검토평가사는 작성된 평가보고서에 대해 조사자료의 적합성 여부, 가치추계의 논리성, 분석이나 결론의 타당성 등을 검토한다. 평가검토의 내용과 유형은 검토의 목적, 검토평가사의 숙련도, 의뢰인의 특수한 필요성에 따라 다양하며, 검토평가사의 업무는 평가보고서의 추론과정과 논리를 공정하고 객관적으로 분석함에 있다.

우리의 경우, 감정평가사가 작성한 평가보고서는 거의 검토를 받지 않거나 또는 금융기관에서 융자목적의 평가를 위한 형식적인 수준에서 검토되고 있다. 점차 평가대상이 복잡해지고 다양해짐에 따라 평가과정이 공정성과 객관성이 더욱 강조되고 있다. 따라서 이러한 사회적 변화에 맞춰, 자격 있고 검증된 검토평가사의 양성과 정립 그리고 윤리성이 강화된 기준 확립이 요구된다.

2) 부동산 평가업무의 특성

감정평가사들은 부동산 평가와 관련하여 직·간접적으로 수많은 업무를 행하는데, 이러한 업무들은 비슷한 수준의 경험과 지식을 요구하는 것은 아니다.

즉, 감정평가사들은 낮은 업무 수준에서 시작하여 지식과 경험 축적에 따라 점차 높은 수준의 업무를 담당하게 된다.

이는 직업윤리와 연계되는데 초보 감정평가사들은 이 과정에서 지식과 경험이 축적된 감정평가사들로부터 업무를 배우게 되며, 또한 전문기관과 협회 및 학회를 통해서도 업무의 전문성을 증진하게 된다.

감정평가사들은 부동산 전문 컨설턴트로서의 역할을 수행한다. 이는 부동산개발사업이나 투자사업에 대한 종합적인 분석능력을 통하여 자문과 상담업무를 제공한다.

고객의 요구에 맞춰 컨설팅을 한다는 것은 전문가로서 주관적 견해를 피력한다는 것이 아니며, 어디까지나 객관적인 시장자료를 바탕으로 해야 함을 의미한다. 따라서 감정평가사는 시장자료를 여러 방법으로 분석하고 객관화된 사실을 근거로 전문 의견을 제공해야 한다.

이는 단순히 부동산의 가치추계만이 아닌 그 이상의 수준을 요구하는 활동으로 전문적인 분석기법을 수반하는데, 그 주요기법은 할인현금수지분석, 최유효이용분석, 시장분석, 수요공급분석, 타당성 분석 등 시장자료를 바탕으로 기술적인 정보를 제공함을 의미한다.

또한, 부동산 평가지식뿐만 아니라 관리, 금융, 중개, 투자, 시장분석 등 부동산 전반의 지식을 두루 섭렵하여야 하며, 경제이론과 도시 및 공간이론, 법제, 통계, ICT능력, 인간관계까지 상당한 수준의 전문지식이 요구된다.

02
부동산 평가업의
윤리적 의무와 책임

1) 감정평가업의 사회적 역할

감정평가업무는 사회유지를 위한 기본적 척도로의 기능을 수행하는데, 이는 사회의 모든 재산을 정확하게 평가하여 화폐액으로 표시함에 따라 실질적인 도량형의 기능을 하게 된다.

이는 사회의 근간을 이루는 기본적 척도로 사회유지 및 성장의 기초부분에 속하며 높은 사회성과 공공성을 갖고 있다.

특히, 부동산의 제 활동(사용 · 수익 · 처분 및 공공사업과 관련된 활동 등)에 대한 평가업의 기능은 그 자체가 다른 부동산 의사결정에 도움을 주는 윤활유와 같은 기능 즉, '사회 · 경제 · 행정이 원활히 움직일 수 있도록 기능하는 빠뜨릴 수 없는 촉매'로 역할을 하고 있다.

2) 감정평가업자의 업무

감정평가업자가 수행하는 업무는 표준지공시지가의 조사 · 평가, 개별공시지가 검증 등을 수행하고, 공공용지의 매수 및 토지의 수용 · 사용에 대한 보상, 국유지 · 공유지의 취득 또는 처분, 그 밖에 대통령령으로 정하는 지가의 산정 등이다(부동산 가격공시에 관한 법률).

일반적인 토지 등의 감정평가, 법원에 계류 중인 소송 또는 경매를 위한 토지 등의 감정평가, 금융기관·보험회사·신탁회사 등 타인의 의뢰에 따른 토지 등의 감정평가와 감정평가와 관련된 상담 및 자문 등 토지에 대한 이용 및 개발 등에 대한 조언이나 정보 등의 제공을 수행하고 있다(자산재평가법).

또한, 기타 다른 법령에 따라 감정평가업자가 할 수 있는 토지 등의 감정평가와 상기 제시된 업무에 부수되는 업무를 수행할 수 있으며, 이는 다음의 [표 2−1]과 같다.

■ [표 2-1] 감정평가 업무

구분	내용
공시지가	• 표준지 공시지가의 조사·평가
보상	• 공공용지의 매수, 수용 등 각종 공공사업과 관련된 보상감정평가
조세	• 국세, 지방세 등의 부과기준 가격산정을 위한 감정평가 • 개발부담금 부과기준 가격산정을 위한 감정평가
조성용지 분양	• 「국토의 계획 및 이용에 관한 법률」 등 관계법령에 의하여 조성된 주거용지, 공업용지, 관광용지 등의 가격산정을 위한 감정평가 • 토지구획정리, 경지정리지구 등의 환지청산 또는 체비지매각을 위한 토지의 감정평가
관리처분	• 재개발을 위한 관리처분계획수립에 필요한 가격 및 분양가격 산정을 위한 감정평가
자산관리	• 금융기관, 정부투자 또는 출자기관 기타 공공단체의 자산매입·매각, 담보, 관리를 위한 감정평가 • 「사립학교법」, 「사회복지사업법」 등의 법률에 의한 자산매입·매각 등을 위한 감정평가
경매 및 소송	• 법원에 계류 중인 경매, 민·형사 및 행정소송 등을 위한 재산의 감정평가

구분	내용
담보	• 금융기관, 보험회사, 신탁회사, 농·수협, 시설대여(리스)회사, 창업투자회사 등의 담보물 감정평가 • 기업체의 대리점 개설 및 관리를 위한 담보물의 감정평가
일반거래	• 법인설립, 합병에 따른 자산 감정평가 • 각종 인·허가, 이민 수속 등을 위한 재산 감정평가 • 기타 일반거래 및 재산관리를 위한 부동산 및 공장 등의 감정평가
부동산컨설팅	• 재개발, 재건축 등 공공사업의 채산성 부석과 권리변환 및 권리조정에 관한 조사 • 보상액 산정기준에 관한 조사 • 부동산의 최유효이용 방안에 관한 조사 • 부동산 의사결정에 관한 조사 • 부동산 입지선정에 관한 조사 • 지가수준에 관한 조사 • 자산의 운용, 관리에 관한 조사 • 부동산의 가격 또는 임료산정에 관한 조사

자료: 한국감정평가사협회, http://kapanet.or.kr, 재구성

3) 부동산업 전문직 직업윤리

부동산업 전문직의 직업윤리는 고용윤리, 조직윤리, 서비스윤리, 공중윤리로 구분된다.[2]

먼저, 고용윤리는 사용자가 지켜야 할 도리를 말하는데, 사용자는 피고용자가 발전하고 성장할 수 있도록 도움을 주어야 하는 내용을 담고 있다.

조직윤리는 동업자 또는 동업단체에 대해 상호 준수해야 할 내용을 담고 있으며, 서비스윤리는 의뢰인과의 관계에서 지켜야 할 도리로서 부동산업 전문직 종사자는 서비스 의뢰인의 이익 옹호를 위해 선량한 관리자로서의 임무를 이행하여야 한다.

---

2 방경식·장희순, 「부동산학개론」, 부연사, 2017, pp.148−149.

공중윤리는 의뢰인에게 전문가로서 조언을 구하고 의뢰인의 부동산 활동을 원활하게 하는 데 책임을 져야 할 뿐만 아니라, 일반 공중의 복리증진을 도모하는 방향으로 업무 활동을 전개하여야 한다.

부동산업 전문직 직업윤리의 목적과 내용은 직업의 종류에 따라 다르나, 일반적으로 다음의 내용을 포함하고 있다.[3]

전문직업인으로서의 긍지를 갖고 국가와 사회에 봉사하는 정신을 드높이는 자세로 국가자격을 갖는 지식인으로서 적정한 부동산가격 형성에 이바지함으로써 토지를 포함하는 부동산이 가능한 한 최대다수의 국민에게 분배되도록 가교 역할을 하는 직업인으로서 긍지를 가져야 한다.

전문직업인으로서 양심과 양식을 소중하게 다루는 자세를 견지하며, 의사결정의 기준은 사회정의에 두어야 한다.

전문직업인으로서 전문지식과 능력을 향상하기 위한 부단한 노력과 함께 일반인에게 없는 전문가적 지식과 능력을 소유하여야 한다.

전문직업인으로서의 예의범절과 인간관계를 중시하며, 업무활동에서 특히 유의해야 할 사항을 중요시하는 자세를 갖고 있어야 한다.

의뢰인에 대한 서비스를 중심으로 하는데, 의뢰인은 전문서비스를 받고자 하는 자로 의뢰인 부동산은 주요 평가대상 자산이어서 의뢰인에게 경제적으로 미치는 영향이 크기에 의뢰한 일을 신중히 다루어야 한다.

동업자의 이익과 사회이익의 증진을 위해 노력하는 자세가 요구되는데, 전문직 종사자는 동업자의 이익을 보호하고, 신의를 존중해야 하며, 동업자 단체의 역할에 성실히 협조하고 아울러 사회적 인식을 높이기 위해 부단한 노력을 하여야 한다.

---

3   방경식·장희순, 전게서, pp.147–148.

4) 부동산 평가업의 직업윤리

평가업의 윤리란 평가업무 특성상 해서는 안 되는 의무를 의미하며, 이는 감정평가사에 의해 허용되지 않는 것을 의미한다.

한국감정평가사협회는 평가업의 직업윤리를 실현하기 위해 「윤리강령」 및 「윤리규정」을 제정하여 전문직업인으로서의 윤리준수를 제공하고 있다.

부동산 평가에 대한 사회적 요구의 증대와 함께 다양한 분야에서 평가분석이 필요하기 때문에 부동산평가업은 일반 고객으로부터 전문성을 인정받아야 한다. 이에 맞추어 다음과 같은 평가윤리를 준수하여야 한다.[4]

감정평가업자는 의뢰인의 평가대상물을 바탕으로 객관적인 가치추계 활동을 영위하기에 상호 간의 믿음과 신뢰에 대한 관계가 무엇보다도 중요하다. 이는 평가서비스에 대한 반대급부적인 대가와는 달리 주어진 문제를 해결하기 위한 최선의 노력과 결과를 제공하여야 함을 의미한다.

평가서비스에 행해지는 모든 전제와 기준은 반드시 이론적 근거와 시장의 지지가 뒷받침되어야 한다. 이론적 근거는 감정평가업자의 전문성과 지성의 영역이며, 이는 주관적 판단의 배제를 의미한다.

따라서 전문성과 지성의 연마를 위해 꾸준한 교육과 훈련이 필요하며, 공식적인 교육 외에도 경험, 독서, 강연회, 실습, 협회의 세미나 등 정기적인 회합이 요구된다.

그리고 객관적 가치도출을 위한 전제와 가정에 대한 판단력 제고가 필요하다. 이는 관련 자료의 상대적 비중을 부과할 수 있는 능력으로 숙달된 평가방식의 경험과 연륜으로부터 얻어지는 산물이다.

---

4   이영호, 「감정평가업자의 윤리에 관한 연구」, 한국부동산연구원, 2006, p.7.

03

감정평가사 직업윤리
준수 실태

1) 감정평가업자의 의무

허위감정 금지의무는 감정평가업무를 수행함에 있어서 품위를 유지하여야 하고, 신의와 성실로써 공정하게 감정평가, 고의로 진실을 숨기거나 허위의 감정평가를 하여서는 아니 됨을 의미한다.

특히 자격증 대여 금지의무는 자격증, 등록증 또는 인가증을 양도 또는 대여하거나 이를 부당하게 행사하여서는 아니 된다.

친족 등 소유토지의 평가 금지의무는 자기 또는 친족의 소유토지, 기타 불공정한 감정평가를 할 우려가 있다고 인정되는 토지 등에 대하여는 이를 감정평가하여서는 아니 된다.

겸업금지의무는 토지 등의 매매업을 직접 영위하여서는 아니 되며, 대가과다청구 금지의무는 수수료 및 여비 등 실비 외에는 금품을 청구할 수 없으며, 비밀누설 금지의무는 정당한 사유 없이 업무상 알게 된 비밀을 누설하여서는 아니 된다.

감정평가서 교부의무는 감정평가를 실시하여 수수료 등이 완납되는 즉시 감정평가서를 교부하여야 하며 일정한 경우에는 완납 이전에 교부할 수 있다.

참고 성실의무 등

※ 감정평가 및 감정평가사에 관한 법률 제25조(성실의무 등)
  ① 감정평가업자(감정평가법인 또는 감정평가사사무소의 소속감정평가사를 포함한다. 이하 이 조에서 같다)는 제10조에 따른 업무를 하는 경우 품위를 유지하여야 하고, 신의와 성실로써 공정하게 감정평가를 하여야 하며, 고의 또는 중대한 과실로 잘못된 평가를 하여서는 아니 된다.
  ② 감정평가업자는 자기 또는 친족 소유, 그 밖에 불공정한 감정평가를 할 우려가 있다고 인정되는 토지 등에 대해서는 이를 감정평가하여서는 아니 된다.
  ③ 감정평가업자는 토지 등의 매매업을 직접 하여서는 아니 된다.
  ④ 감정평가업자는 제23조에 따른 수수료와 실비 외에는 어떠한 명목으로도 그 업무와 관련된 대가를 받아서는 아니 되며, 감정평가 수주의 대가로 금품 또는 재산상의 이익을 제공하거나 제공하기로 약속하여서는 아니 된다.
  ⑤ 감정평가사는 둘 이상의 감정평가법인 또는 감정평가사사무소에 소속될 수 없다.

※ 감정평가 및 감정평가사에 관한 법률 제26조(비밀엄수)
  ① 감정평가업자(감정평가법인 또는 감정평가사사무소의 소속감정평가사를 포함한다. 이하 이 조에서 같다)나 그 사무직원 또는 감정평가업자였거나 그 사무직원이었던 사람은 업무상 알게 된 비밀을 누설하여서는 아니 된다. 다만, 다른 법령에 특별한 규정이 있는 경우에는 그러하지 아니하다.

※ 감정평가 및 감정평가사에 관한 법률 제27조(명의대여 등의 금지)
  ① 감정평가사 또는 감정평가업자는 다른 사람에게 자기의 성명 또는 상호를 사용하여 제10조에 따른 업무를 수행하게 하거나 자격증 · 등록증 또는 인가증을 양도 · 대여하거나 이를 부당하게 행사하여서는 아니 된다.

2) 감정평가 과오에 대한 행정제재

(1) 감정평가업자의 행정상 책임 규율 및 징계규정

감정평가업자가 의무를 위반한 경우, 감정평가사 징계위원회의 의결에 따라 자격의 취소, 등록 또는 설립인가의 취소, 업무정지 등을 법에서 규정하고 있다.

국토교통부장관은 감정평가업자가 일정한 경우에는 그 설립인가를 취소하거나 2년 범위 내에서 기간을 정하여 업무정지를 부과한다.[5]

참고로 변호사·공인회계사 등 다른 전문자격사의 경우에는 대부분 징계를 통하여 등록취소·업무정지 등의 행정처분을 하고 있다.

특히 이 조항으로 감정평가사의 적격성에 대한 기준이 강화됨에 따라 감정평가사에게 엄격한 책임을 묻고 있다. 다만, 징계를 받은 감정평가사에게 절차적인 억울함이 없도록 징계위원회를 통하여 적정한 절차를 거치도록 하고 있다.

[표 2-2] 타 자격사의 징계내용

구분	공인회계사	세무사	변호사	법무사
징계 내용	• 법 제48조 : 등록취소, 직무정지, 견책 • 시행령 제30조~ 37조 : 재경부에 징계위원회 설치 • 징계시효 : 3년	• 법 제17조 : 등록취소, 직무정지, 과태료, 견책 • 시행령 제15조~22조 : 재경부에 징계위원회 설치 • 징계시효 : 3년	• 법 제90조 : 영구제명, 제명, 정직, 과태료, 견책 • 법 제92조~101조: 대한변호사협회와 법무부에 설치 • 징계시효 : 2년	• 법 제48조 : 제명, 업무정지, 과태료, 견책 • 법 제49조와 50조 : 지방법원에 징계위원회 설치 • 징계시효 : 2년

5　「부동산가격공시법」(징계) : 2007년에 신설되었으며, 이전에는 감정평가사 개인에 대한 업무정지에 관한 규정을 감정평가법인에 관한 등록취소 등에 관한 규정인 제38조와 함께 규정하고 있어 감정평가법인에 대한 사항과 혼재되어 있었다. 이 조항의 신설로 감정평가사 개인의 징계에 관한 사항을 감정평가법인에 대한 것과 구분하도록 하였다.

(2) 인가취소 및 업무정지 등(감정평가법인)

국토교통부장관은 감정평가업자가 「부동산가격공시법」 제38조 제1항[6] 각 호에 해당하는 경우에는 그 설립인가를 취소(감정평가법인에 한함)하거나 2년 이내의 범위에서 기간을 정하여 업무의 정지를 명할 수 있다.

감정평가법인에 대하여는 설립인가의 취소 또는 업무정지를, 감정평가사 무소에 대하여는 업무정지를 각각 제재수단으로 하고 있으며, 업무정지처분에 갈음하여 5천만원(감정평가법인인 경우는 5억원) 이하의 과징금을 부과할 수 있 다(「부동산가격공시법」 제42조의3 제1항).

---

6 제38조(인가취소 등) ① 국토교통부장관은 감정평가업자가 다음 각 호의 어느 하나에 해당하는 경우에는 그 설립인가를 취소(제28조에 따른 감정평가법인에 한한다)하거나 2년 이내의 범위에서 기간을 정하여 업무의 정지를 명할 수 있다. 다만, 제3호 또는 제8호에 해당하는 경우에는 그 설립인가를 취소하여야 한다. <개정 2008. 2. 29., 2013. 3. 23., 2013. 8. 6.> 1. 제21조를 위반하여 감정평가를 한 경우 2. 감정평가법인이 설립인가의 취소를 신청한 경우 3. 감정평가업자가 제27조 제3항이나 제28조 제3항에 따른 감정평가사의 수에 미달한 날부터 3개월 이내에 감정평가사를 보충하지 아니한 경우 4. 제27조 제4항을 위반하여 2 이상의 감정평가사사무소를 설치한 경우 5. 제27조 제5항이나 제28조 제7항을 위반하여 해당 감정평가사 외의 자로 하여금 제29조 제1항 각 호의 업무를 하게 한 경우 6. 정관을 거짓으로 작성하는 등 부정한 방법으로 제28조에 따른 인가를 받은 경우 7. 제28조 제8항에 따른 회계처리를 하지 아니하거나 같은 조 제9항에 따른 재무제표를 작성하여 제출하지 아니한 경우 8. 업무정지처분기간 중에 제29조 제1항 각 호의 업무를 하거나 업무정지처분을 받은 소속감정평가사로 하여금 업무정지처분기간 중에 제29조 제1항 각 호의 업무를 하게 한 경우 9. 제29조 제2항에 따른 업무범위를 위반하여 업무를 행한 경우 10. 제31조에 따른 감정평가준칙을 위반하여 감정평가를 한 경우 11. 제32조에 따른 감정평가서의 작성·교부 등에 관한 사항을 위반한 경우 12. 제37조를 위반한 경우 13. 제42조에 따른 지도와 감독 등에 관하여 다음 각 목의 어느 하나에 해당하는 경우 가. 업무에 관한 사항을 보고하지 아니하거나 거짓으로 보고한 경우 나. 장부나 서류 등의 검사를 거부, 방해 또는 기피한 경우

(3) 징계(감정평가사)

국토교통부장관은 감정평가사가 「부동산가격공시법」 제42조의2 제1항 각호[7]의 어느 하나의 사유에 해당하는 경우에는 감정평가사징계위원회의 의결에 따라 자격등록취소, 2년 이하의 업무정지 또는 견책 등의 징계를 할 수 있다(「부동산가격공시법」 제42조의2).

(4) 벌칙

부정한 방법으로 감정평가사의 자격을 취득하거나, 감정평가업자가 아닌 자로서 감정평가업을 영위한 자 등에 대하여 행정형벌인 징역 및 벌금에 처해지며, 개설신고 등을 하지 아니하고 감정평가업을 영위한 자의 경우 행정질서벌인 과태료에 처해진다(「부동산가격공시법」 제43조 내지 제47조). 일정한 업무에 대하여 감정평가사는 형법 제129조 내지 제132조의 적용에 있어서 공무원으로 의제되며, 감정평가법인과 감정평가사에 대하여는 양벌규정이 적용된다.

7　제42조의2(징계) ① 국토교통부장관은 감정평가사가 다음 각 호의 어느 하나의 사유에 해당하는 경우에는 감정평가사징계위원회(이하 "징계위원회"라 한다)의 의결에 따라 제2항에서 정하는 징계를 할 수 있다. 다만, 제2항 제1호의 징계는 제37조 제2항을 위반한 경우에만 할 수 있다. <개정 2008. 2. 29., 2013. 3. 23., 2013. 8. 6.> 1. 제21조를 위반하여 감정평가를 한 경우 1의2. 제26조의2 제1항 및 제2항에 따른 등록이나 갱신등록을 하지 아니하고 제29조 제1항 각 호의 업무를 수행한 경우 2. 구비서류를 거짓으로 작성하는 등 부정한 방법으로 제26조의2 제1항과 제2항에 따른 자격등록이나 갱신등록을 한 경우 3. 제27조를 위반하여 감정평가업의 영위 등을 한 경우 4. 업무정지처분기간 중에 제29조 제1항 각 호의 업무를 하거나, 업무정지처분을 받은 소속 감정평가사로 하여금 업무정지처분기간 중에 제29조 제1항 각 호의 업무를 하게 한 경우 5. 제29조 제2항의 업무범위를 위반하여 업무를 행한 경우 6. 제31조에 따른 감정평가준칙을 위반하여 감정평가를 한 경우 7. 제32조에 따른 감정평가서의 작성·교부 등에 관한 사항을 위반한 경우 8. 제37조를 위반한 경우 9. 제42조에 따른 지도와 감독 등에 관하여 다음 각 목의 어느 하나에 해당하는 경우 가. 업무에 관한 사항을 보고하지 아니하거나 거짓으로 보고한 경우 나. 장부나 서류 등의 검사를 거부 또는 방해하거나 기피한 경우

■ [표 2-3] 징계사유별 업무정지 기간

징 계 사 유	기 간
가. 법 제9조 제1항의 규정에 위반하여 평가대상토지와 유사한 이용가치를 지닌다고 인정되는 표준지의 공시지가를 기준으로 하여 감정평가하지 아니한 경우	3월
나. 법 제9조 제2항의 규정에 위반하여 평가대상토지와의 위치 · 지형환경 등 토지의 객관적 가치에 영향을 미치는 제요인을 비교하여 평가대상 토지의 가격과 표준지의 공시지가가 균형을 유지하도록 감정평가하지 아니한 경우	3월
다. 업무정지처분기간 중에 법 제20조 제1항 각호의 업무를 한 경우	1년
라. 감정평가를 함에 있어 법 제22조의 규정에 의한 감정평가규칙을 준수하지 아니한 경우	2월
마. 법 제23조의 규정에 의한 감정평가서의 작성 · 교부 등에 관한 사항을 위반한 경우	–
1) 정당한 이유없이 타인이 의뢰하는 감정평가업무를 거부하거나 기피한 경우	1월
2) 감정평가서의 교부를 정당한 이유없이 지연한 경우	1월
3) 타인이 작성한 감정평가서에 서명 · 날인한 경우	1년
4) 감정평가서의 기재사항에 중대한 하자가 있는 경우	2월
5) 감정평가서의 원본과 그 관련서류를 보존기간 동안 보존하지 아니한 경우	3월
바. 법 제32조의 규정에 의한 업무관련 사항을 보고하지 아니하거나 허위로 보고한 경우와 서류 등의 검사를 거부 또는 방해한 경우	3월
사. 위의 각목에 해당되지 아니하는 경우	1월

3) 감정평가과오에 대한 민 · 형사책임

(1) 감정평가업자의 민 · 형사상 책임 규율

먼저, 민사상의 책임으로 「감정평가사법」 제28조 손해배상책임 규정에 의하는데, 다만, 위 규정이 없더라도 감정평가사는 위임계약 상 채무불이행이나 불법행위로 인한 손해배상책임을 부담하여야 한다.[8]

---

8   한국감정평가협회, 전게서, 2016, p. 13.

이는 높은 수준의 윤리의식과 전문인으로서의 책임의식을 부여하여 공정성과 신뢰성을 기하기 위함이다.

형사상의 책임으로 감정평가업자가 의무를 위반한 경우로 2년 이하의 징역 또는 3천만원 이하의 벌금, 1년 이하의 징역 또는 1천만원 이하의 벌금에 처한다.

특히, 공적 업무를 행하는 감정평가사는 「형법」 제129조(수뢰, 사전수뢰), 제130조(제삼자뇌물제공), 제131조(수뢰후부정처사, 사후수뢰), 제132조(알선수뢰)의 적용에 있어 공무원으로 의제된다.

또한, 감정평가사가 고의로 의무를 위반하여 부적정한 감정평가를 함으로써 의뢰인이나 타인에게 손해를 가한 경우, 사기죄의 공범이 되고, 배임죄 또는 배임수재죄, 뇌물수뢰죄의 죄책을 질 수 있다.[9]

그리고 감정평가법인의 대표자나 구성원, 종업원이 업무에 관하여 부정한 행위를 하면 그 행위자를 벌하는 외에 그 법인 또는 개인에게도 해당 조문의 벌금형을 부과하게 된다.

(2) 감정평가업자의 형사책임: 사기(공동정범 vs. 사기방조)

사기란 사람(제3자 포함)을 기망하여 재물의 교부를 받거나 재산상의 이익을 취득하는 행위를 말한다(「형법」 제347조).[10] 일반적인 사기범행의 경우에는 형법 제347조에 의하여 처벌(10년 이하의 징역 또는 2천만원 이하의 벌금)되고, 편취액이 5억원 이상인 경우에는 「특정경제범죄 가중처벌 등에 관한 법률」 제3조 위반으로 가중처벌된다.[11]

---

9   한국감정평가협회, 「2016 감정평가사 집합연수 교육」, 2016, p. 13.

10 사기죄는 타인을 기망하여 착오에 빠뜨리게 하고 그 착오에 기인하여 재산적 처분행위를 하게 하여 상대방으로부터 재산적 이득을 취함으로써 성립하는 것이므로 범인에게 타인을 기망하여 재산적 이득을 취한다는 목적의사가 있고 그 기망행위와 상대방의 착오, 재산적 처분행위 사이에 인과관계가 있으면 사기죄의 구성요건은 충족되는 것이다." (대법 86도748)

11 제3조(특정재산범죄의 가중처벌) ① 형법 제347조(사기)·제350조(공갈)·제351조(제347조 및 제 350조의 상습범에 한한다)·제355조(횡령, 배임) 또는 제356조(업무상의

감정평가와 관련된 사기 사건에서 가장 핵심적인 논란은 감정평가업자가 사기 사건의 공동정범이냐 아니면 방조자냐이다. 이에 대해 판례의 동향은 다음과 같다.

형법 제30조의 공동정범이 성립하기 위하여는 주관적인 요건인 공동가공 의사와 객관적인 요건(그 공동의사에 기한 기능적 행위지배를 통하여 범죄를 실행하였을 것)이 필요하다. 여기서 공동가공의 의사란 타인의 범행을 인식하면서도 이를 제지함 없이 용인하는 것만으로는 부족하고 공동의 의사로 특정한 범죄행위를 하기 위하여 일체가 되어 서로 다른 사람의 행위를 이용하여 자기의 의사를 실행에 옮기는 것을 내용으로 하는 것이어야 한다(대법 2002도995).

형법상 방조행위는 정범이 범행을 한다는 점을 알면서 그 실행행위를 용이하게 하는 직접·간접의 행위를 말하므로, 방조범은 정범의 실행을 방조 한다는 이른바 방조의 고의와 정범의 행위가 구성요건에 해당하는 행위인 점에 대해 정범의 고의가 있어야 한다.

이와 같은 고의는 내심적 사실이므로 피고인이 이를 부정하는 경우에는 사물의 성질상 고의와 상당한 관련성이 있는 간접사실을 증명하는 방법에 의하여 입증할 수밖에 없고, 이때 무엇이 상당한 관련성이 있는 간접사실에 해당할 것인가는 정상적인 경험치에 바탕을 두고 치밀한 관찰력이나 분석력에 의하여 사실의 연결 상태를 합리적으로 판단하는 외에 다른 방법이 없다고 할 것이며, 또한 방조범에 있어서 정범의 공의는 정범에 의하여 실현되는 범죄의 구체적인 내용에 인식할 것을 요하는 것은 아니고 미필적인 인식 또는 예견으로 족하다고 할 것이다(대법 2003도6056).

그리고 방조 행위가 정범의 실행에 대하여 간접적이거나 직접적이거나를

횡령과 배임)의 죄를 범한 자는 그 범죄행위로 인하여 취득하거나 제3자로 하여금 취득하게 한 재물 또는 재산상 이익의 가액(이하 이 조에서 "이득액"이라 한다)이 5억원 이상인 때에는 다음의 구분에 따라 가중처벌한다.
1. 이득액이 50억원 이상인 때에는 무기 또는 5년 이상의 징역에 처한다.
2. 이득액이 5억원 이상 50억원 미만인 때에는 3년 이상의 유기징역에 처한다.

가리지 아니하고 정범이 범행을 한다는 점을 알면서 그 실행행위를 용이하게
한 이상 방조범으로 처벌함이 마땅하며, 간접적으로 정범을 방조하는 경우 방
조자로서는 정범이 누구인지 알 필요가 없다(대법 76도4133).[12]

(3) 감정평가업자의 형사책임: 횡령과 배임

횡령죄란 타인의 재물을 보관하는 자가 그 재물을 횡령하거나 그 반환을
거부하는 범죄행위를 말하며, 배임죄란 타인의 사무를 처리하는 자가 그 임무에
위배되는 행위를 함으로써 재산상의 이익을 취득하거나 제3자로 하여금 이를
취득하게 하여 본인에게 손해를 가하는 것을 내용으로 하는 범죄행위이다.[13]

「형법」 제355조에서는 횡령죄 혹은 배임죄를 저지른 경우 5년 이하의 징
역 또는 1천 500만원 이하의 벌금에 처하도록 하고 있다. 또한, 이 법 제356조
에서는 업무상의 임무에 위배하여 횡령죄 혹은 배임죄를 저지른 경우 이를 업

---

12 사기죄의 성립요건인 기망행위와 관련하여 허위감정이 기망행위에 해당한다는 것이
    판례의 주된 흐름이다. "기망이라 함은 사람으로 하여금 착오를 일으키게 하는 것으로
    서 그 착오는 사실에 관한 것이거나 법률관계에 관한 것이거나 법률효과에 관한 것이
    거나를 묻지 않고, 반드시 법률행위의 내용의 중요부분에 관한 것일 필요도 없으며,
    그 수단과 방법에도 아무런 제한이 없으나 널리 거래 관계에서 지켜야 할 신의칙에 반
    하는 행위로서 사람으로 하여금 착오를 일으키게 하는 것을 말한다." (대법 82도2995)
    "기망은 널리 재산상의 거래관계에 있어서 서로 지켜야 할 신의와 성실의 의무를 저버
    리는 모든 적극적 또는 소극적 행위를 말하는 것으로 반드시 법률행위의 중요부분에
    관한 허위표시임을 요하지 아니하고 상대방을 착오에 빠지게 하여 행위가가 희망하는
    재산적 처분행위를 하도록 하기 위한 판단의 기초가 되는 사실에 관한 것이면 충분하
    다." (대법 98도 3549) "감정가액을 허위로 과대계상하여 금융기관으로부터 대출을 받
    은 경우 그 대출이 기망행위에 의하여 이루어진 이상 그로써 사기죄는 성립하는 것이
    다." (대법 2007도5497)
13 횡령죄는 재산죄 가운데 재물만을 객체로 하는 순전한 재물죄이다. 자기가 보관하는
    타인의 재물을 영득하는 죄인 점에서 타인이 점유하는 재물을 영득하는 죄인 절도·강
    도·사기·공갈 등과 구별된다. 횡령죄와 배임죄는 둘 다 타인에 대한 신임관계를 배반
    하여 재산상의 손해를 발생하게 하는 점에서 공통되지만, 횡령죄의 객체는 개개의 특
    정한 재물이고, 배임죄의 객체는 재물 이외의 일반 재산상의 이익이라는 점에 차이가
    있다. 따라서 횡령죄의 규정과 배임죄의 규정은 특별법과 일반법의 관계에 있다.

무상 횡령 혹은 업무상 배임이라 하여 10년 이하의 징역 또는 3천만원 이하의 벌금에 처하도록 하고 있다. 다만 편취액이 5억원 이상인 경우에는 「특정경제 범죄 가중처벌 등에 관한 법률」 제3조 위반으로 가중처벌된다.

한편 「형법」 제357조에서는 타인의 사무를 처리하는 자가 그 임무에 관하여 부정한 청탁을 받고 재물 또는 재산상의 이익을 취득한 자는 5년 이하의 징역 또는 1천만원 이하의 벌금에 처하고, 재물 또는 이익을 공여한 자는 2년 이하의 징역 또는 500만원 이하의 벌금에 처하도록 하고 있다. 이를 배임수재와 배임증재라 한다.

배임죄에서 손해를 가한 때라 함은 현실적인 손해를 가한 경우뿐만 아니라 재산상의 손해 발생의 위험을 초래한 경우도 포함되고, 일단 손해의 위험성을 발생시킨 이상 사후에 피해가 회복되었다 하더라도 배임죄의 성립에 영향을 주는 것은 아니다(대법 99도4923).

(4) 감정평가업자의 형사책임: 뇌물

뇌물죄란 공무원 또는 중재인이 그 직무에 관하여 뇌물을 수수, 요구 또는 약속하는 경우를 말하며, 이 경우 5년 이하의 징역 또는 10년 이하의 자격정지에 처하도록 하고 있다(「형법」 제129조 제1항). 또한, 공무원 또는 중재인이 될 자가 그 담당할 직무에 관하여 청탁을 받고 뇌물을 수수, 요구 또는 약속한 후 공무원 또는 중재인이 된 때에는 3년 이하의 징역 또는 7년 이하의 자격정지에 처하도록 하고 있다(「형법」 제129조 제1항).

일반적으로 뇌물죄는 수뢰죄(收賂罪)와 증뢰죄(贈賂罪)로 구성된다. 수뢰죄는 공무원 또는 중재인이 직무에 관해 뇌물을 수수·요구·약속함으로써 성립하는 범죄이고, 증뢰죄는 공무원 또는 중재인에게 이를 공여하는 것을 내용으로 하는 범죄이다.[14]

---

14 직무란 공무원 또는 중재인이 그 직위에 따라 담당하는 일체의 직무를 말하며, 종속적 지위에서 소관 이외의 사무를 일시 대리할 경우의 직무도 포함한다. 뇌물이란 직무에 대한 대가관계에서 받는 부당이익 또는 불법적인 보수로서 재산적 이익뿐만 아니라

형법에서 규정하고 있는 뇌물죄는 ① 단순수뢰죄(「형법」 제129조 1항),[15] ② 사전수뢰죄(「형법」 제129조 2항),[16] ③ 제3자뇌물공여죄(「형법」 제130조),[17] ④ 수뢰후부정처사죄(「형법」 제131조 1항),[18] ⑤ 사후수뢰죄(제131조 2·3항), ⑥ 알선수뢰죄(「형법」 제132조),[19] ⑦ 증뢰물전달죄(「형법」 제133조 1·2항)[20]로 구성되어 있다.

특히, 감정평가업자와 관련된 뇌물죄는 주로 증뢰죄와 관련되어 있는데, 특히 보상평가에서 가장 많이 발생한다.

일체의 유형·무형의 이익도 포함된다.

15 단순수뢰죄는 뇌물죄의 기본적 구성요건으로서 공무원·중재인이 직무에 관해 뇌물을 수수·요구 또는 약속함으로써 성립한다. 수뢰액이 200만원 이상일 때는 특정범죄가중처벌 등에 관한 법률에 의해 가중처벌된다(형법 제2조). 이 경우에는 정부관리기업체의 간부 직원도 포함되기 때문에 뇌물죄의 적용범위가 확대된다(형법 제4조).

16 사전수뢰죄는 공무원 또는 중재인이 될 예정인 자가 그 담당할 직무에 관해 사전에 청탁을 받고 뇌물을 수수·요구·약속함으로써 성립한다.

17 제3자뇌물공여죄는 제3자로 하여금 뇌물을 받게 하는 행위를 처벌하기 위한 규정으로 공무원이 가족을 시켜 수뢰하는 간접수뢰와는 구별된다.

18 수뢰후부정처사죄는 형법 제129조와 제130조에 해당하는 수뢰행위뿐만 아니라 부정한 행위를한 경우에 가중처벌되는 범죄이다. 사후수뢰죄는 직무상 부정한 행위를 한 후 뇌물을 수수·요구·약속하거나, 제3자에게 이를 공여하게 하거나, 공여를 요구·약속하는 경우, 그리고 재직 중에 청탁을 받고 직무상 부정한 행위를 한 후 퇴직·전직 후에 뇌물을 수수·요구·약속하는 경우 등에 성립한다.

19 알선수뢰죄는 공무원이 그 지위를 이용해 다른 공무원의 직무에 속한 사항의 알선에 대해 뇌물을 수수·요구·약속함으로써 성립하는 범죄이다.

20 증뢰물전달죄(증뢰죄)는 주로 비공무원이 뇌물을 약속·공여, 공여의 의사를 표시하거나, 이에 공(供)할 목적으로 제3자에게 금품을 교부하거나, 그 정(情)을 알면서 교부받을 때 성립한다.

4) 고의 혹은 과실에 의한 감정평가

(1) 고의에 의한 허위감정

「부동산가격공시법」제37조 제1항에 따르면, 감정평가업자(감정평가법인 또는 감정평가사사무소의 소속감정평가사를 포함)는 제29조 제1항 각호의 업무를 행함에 있어서 품위를 유지하여야 하고, 신의와 성실로써 공정하게 감정평가를 하여야 하며, 고의 또는 중대한 과실로 잘못된 평가를 하여서는 아니 된다고 규정하고 있다.[21]

또한 제43조에서는 고의 혹은 중대한 과실로 잘못된 평가를 한 경우, 2년 이하의 징역 또는 3천만원 이하의 벌금에 처하도록 하고 있다.

(2) 감정평가업무 수행자의 과실

공인평가제도의 평가 주체는 감정평가업자(감정평가사와 감정평가법인)이다. 그러나 자격증을 부여받지 아니한 자가 감정평가를 하는 경우와 자격증을 부여받은 감정평가사이더라도 「부동산가격공시법」상 표준지 및 표준주택 조사 · 평가 업무를 할 수 없는 자 즉, 「부동산가격 조사 · 평가를 위한 감정평가업자 선정기준」제3조 제1항의 각호와 제4조 제1항의 각호에 해당하는 감정평가업자가 평가를 한 경우, 위법성이 성립된다.

예를 들어 감정평가업자가 아닌 자로서 감정평가업을 영위 한다면 2년 이하의 징역 또는 3천만원 이하의 벌금에 처해진다(「부동산가격공시법」제43조 제2항).

여기서 가격시점은 평가가격 결정의 기준이 되는 날을 말하며 이는 감정평가액의 오류여부를 입증하는 데 중요한 정보가 된다. 마지막으로 가격 · 임료의 종류를 확정은 「감정평가에 관한 규칙」제5조에 근거하여 종류를 결정해야하며 이를 위반 시 위법성이 성립된다.

---

21 2000년 이전까지는 명백히 고의에 의한 잘못된 평가만을 처벌할 수 있었으나 2000년 1월 28일 법률개정을 통해 중대한 과실로 인한 잘못된 평가도 처벌할 수 있게 되었다.

(3) 평가대상 조사상의 과실

평가대상 및 그 범위가 불명확하면 위법성이 인정될 수 있다. 즉, 대상 부동산(기본조건 및 권리태양, 부가조건), 가격시점, 가격·임료종류가 명확히 확정되지 않으면 가격의 적정성을 판단할 근거가 불명확해지고 분쟁이 발생할 소지가 있으며, 그에 따르는 위법성을 부인할 근거가 미약해지게 된다.[22]

(4) 평가업무 수행과정에서의 과실

대상 부동산 감정평가는 평가행위가 실질적으로 이루어졌는가가 문제 될 수 있다. 평가주체가 선정되고, 평가대상이 확정되었더라도 실질적인 평가가 아니라 형식적인 평가를 하거나, 사전에 평가된 결과를 재인용한 경우라면 평가행위의 부존재가 된다.

다음으로 평가기법이 정한 절차에 따라 이루어졌는가에 대한 확인이 필요하다. 특히 공청회와 같은 의견수렴의 절차가 필요한 경우, 절차의 생략, 반대의견의 차단을 위한 절차의 조작, 참여자에 대한 통지절차의 위법, 제기된 의견의 불충분한 반영 등이 문제가 될 경우 평가절차의 위법성이 문제될 수 있다.

자료의 수집이 불충분하거나, 평가대상에 대한 평가결과에 영향을 미칠 수 있을 정도로 편파적으로 수집된 경우 평가의 내용의 위법성이 문제될 수 있다.

---

22 "타인의 의뢰에 의하여 일정한 보수를 받고 담보물건 등의 경제적 가치를 판정하여 그 결과를 가액으로 표시하는 감정평가를 업으로 하는 감정평가업자가 당해 담보물건인 토지를 개별적으로 감정평가하는 경우에는 실지조사에 의하여 대상 물건을 확인하고 비교표준지의 공시지가를 기준으로 지가변동에 영향을 미치는 관계 법령에 의한 토지의 사용·처분 등의 제한 또는 그 해제 등의 여러 가지 사항을 종합적으로 참작하고 평가대상 토지와 표준지의 지역요인과 개별요인에 대한 분석 등 필요한 조정을 하는 방법으로 신의와 성실로써 공정하게 감정평가를 하여야 할 주의 의무가 있다." (대법 2001다19295).

(5) 평가보고서 작성 및 공시관련 과실

평가결과는 평가행위를 통하여 수집된 각종 자료를 감정평가절차에 따라 세심하게 대입하여 작성되어야 한다. 자료의 대입 및 판단 과정에 있어 사실의 오인, 해석상의 오류, 경중 판단의 잘못 등이 발생하는 경우에는 평가보고서 작성상의 위법성이 인정된다.[23]

평가결과는 작성된 결과에 따라 공시되어야 한다. 평가결과가 작성되었지만, 그 근거자료를 무시한 채 다른 결과를 공표한 경우 평가행위는 위법하다.

---

23 "토지수용 보상액을 평가하는 데에는 관계 법령에서 들고 있는 모든 가격산정요인들을 구체적·종합적으로 참작하여 그 각 요인들이 빠짐없이 반영된 적정가격을 산출하여야 하고, 이 경우 감정평가서에는 모든 가격산정요인의 세세한 부분까지 일일이 설시하거나 그 요소가 평가에 미치는 영향을 수치로 표현할 필요는 없다고 하더라도, 적어도 그 가격산정요인들을 특정·명시하고 그 요인들이 어떻게 참작되었는지를 알아볼 수 있는 정도로 기술하여야 한다." (대법 98두 6081).

04
부동산 평가 윤리기준

1) 미국 평가사협회(Appraisal Institute) USPAP 기준

감정평가사는 자신이 소속된 전문협회의 윤리규정뿐만 아니라,[24] 소속된 평가회사의 기준도 준용한다. 일반적인 평가윤리의 기준은 4가지 범주이다.[25]

4가지 평가윤리 기준은 ① 평가행위(appraisal conduct), ② 평가관리(appraisal management), ③ 평가비밀(appraisal confidentiality), ④ 평가기록(appraisal record)이다.

부동산 평가행위에 대한 윤리기준은 평가활동에 대한 불법적, 비윤리적, 불공정한 행위는 용인되지 않음을 의미한다. 즉, 법에 의해서 허용되지 않는 행위로 감정평가사는 고객에 대해 신의와 성실을 다하여 최선의 서비스를 제공해야 할 수탁자로서의 책무가 있다.

감정평가사는 평가대상 부동산의 평가에 있어 공평무사하고, 객관적이고, 독립적이어야 한다. 만약, 오도행위(misleading conduct),[26] 사기행위(fraudulent

---

24 국내의 윤리규정에 대한 내용은 다음을 참고, 건국대학교 부동산·도시연구원 케빈 정, 알에이케이 투자윤리연구센터, 「부동산 산업의 윤리」, 건국대학교 출판부, 2016, pp.120-140.

25 안정근, 「부동산평가이론」, 법문사, 2013, p.669.

26 검증되지 않았거나 단순한 추론에 불과한 사실에 근거하여, 구두진술이나 서면진술을 하는 행위를 말하며, 감정평가사의 오도행위는 비윤리적 행위로 간주된다.

conduct),[27] 가상적 가정(hypothetical assumption)[28]에 근거하여 부동산의 가치를 평가하는 것은 평가윤리 기준을 위배하는 것이다.

부동산 평가관리에 대한 윤리기준은 평가수수료와 복수의 평가사 역할 그리고 광고(선전)를 들 수 있다.

평가수수료는 평가비용이나 인건비 등을 기준으로 합리적으로 계산되어야 하며, 이는 평가대상 부동산의 평가가치와는 무관하게 결정되어야 한다. 사전에 결정된 평가가치를 전제(조건부 수수료)로 하거나, 고객이나 기타 이해관계자가 제시하는 조건을 전제로 평가수수료를 책정하는 행위는 비윤리적이다.

앞서의 평가수수료 책정에 대한 기준이 반드시 비윤리적 기준으로만 볼 수는 없는데, 감정평가사가 평가업무와 더불어 다른 업무를 동시에 수행하고 있을 때,[29] 다른 업무에 대한 대가를 이런 식으로 받는 것은 허용되는 것을 의미한다.

감정평가사는 허위광고나 선전을 해서는 안 되며, 관계기관에 평가과제를 수주하러 돌아다니는 것도 비윤리적 행위로 간주되며, 특히 이러한 행위기준은 개별 감정평가사와 평가회사 그리고 부동산회사에도 준용된다.

부동산 평가자료에 대한 비밀유지는 감정평가사는 고객에 대한 수탁자로서의 책무를 준수해야 함을 뜻한다. 그 책무 중의 하나가 평가기록에 대한 비밀유지이다.

감정평가사는 고객과 그의 대리인, 법에 의한 제3자,[30] 공식적으로 인정되는 전문협회의 평가검토위원회와의 다른 사람들에게 평가과정 중 습득한 비밀

---

27 고의적으로 평가가치를 조작하는 행위를 말하며, 사기적인 평가보고서는 불법행위가 되며 소송 대상이다.

28 가상적 사건의 발생을 가정하고, 이에 근거해서 시장가치를 추계하는 것은 비윤리적인 행위로 간주된다. 즉, 시장가치의 추계치는 반드시 사실에 근거해야 함을 말한다.

29 감정평가사는 동시에 중개사, 관리사, 상담사의 역할을 담당할 수 있는데, 주어진 평가 업무에 부수하거나 독립적으로 복수의 역할이 요구될 때, 평가수수료 외의 다른 대가를 취할 수 있다.

30 수용평가사의 정부기관, 수용회사, 토지수용위원회 등을 의미한다.

이나 평가기록을 공표해서는 안 된다.

　다만, 감정평가사 속한 전문협회의 평가검토위원회가 평가자료를 검토할 수 있는 권한이 있는데, 이는 협회의 윤리기준이나 실무기준에 적합한지를 검토할 때에 한정된다.

　감정평가사는 평가대상 부동산의 평가 후에 산출된 평가기록물을 일정 기간 동안 보관할 의무가 있다.[31] 이는 업무상 행한 가치추계, 평가검토, 컨설팅 과제 등이 해당된다.

　평가기록물을 일정 기간 동안 보관하는 이유는 정부기관, 금융기관, 평가사협회, 법원 등으로부터 향후 야기될 수 있는 문제에 대한 자료 제공에 있으며, 이의 관계기관들은 법적 규정에 의해 평가기록의 원본을 취득할 권한이 있다. 물론 고객도 원본을 수취할 수 있다.

2) 평가윤리에 대한 기타 규정

　감정평가사는 자신의 평가능력 범위 내에서 고객의 평가과제를 수행해야 한다. 자신의 능력 범위 밖의 평가과제를 담당하는 것은 비윤리적인 행위로 간주된다.

　감정평가사는 평가과제를 수행함에 있어 자신의 지식과 경험이 어느 정도인지를 우선 판단하고 의뢰된 평가과제에 견주어서 지식과 경험의 수준을 판단하여야 한다.

　평가과제에 대한 학문적 배경이나 경험의 부족은 평가대상 부동산의 가치결론을 잘못 이끌 수 있기에 실질적으로 상당히 중요한 의미가 있는 규정이라고 할 수 있다.

　평가기준은 평가윤리와 평가실무에 관한 준수사항을 규정하는데, 예외적인 경우로 극히 제한적인 평가과제일 경우, 단지 참고목적인 평가의견서를 작

31　USPAP에 의하면, 평가기록을 평가과제가 완성된 날로부터 5년 이상, 그리고 법적 문제가 있을 경우, 최종적인 법적 절차가 마무리된 날로부터 2년 이상 보관하여야 한다.

성할 경우, 법원이나 금융기관에서 참고 목적으로 평가내용의 개선을 요구할 경우이다.

고객으로부터 의뢰받은 평가범위가 극히 제한적이어서 평가결과가 다른 사람들을 오도하거나 혼동시킬 여지가 없는 경우에 한해서 평가기준에서 정하는 규정대로 평가보고서를 작성하지 않는 것이 예외적으로 허용된다.

대출기관은 다른 사람이 제출한 평가보고서의 일부 내용만을 검토해 주길 요청할 수가 있는데, 이는 비교매매사례의 확인과 대부조건, 부동산의 권익 등 일부 사항만이 문제될 경우에 한해서다.

평가실무기준에서 원평가(original appraisal)의 내용을 수정하거나, 감정평가사가 이것과 다른 의견을 개진하는 것은 비윤리적인 행위로 간주되는데, 제한적으로 허용되는 경우가 있다.[32]

---

32 미국의 경우, 금융기관으로부터 대출을 받기 위해서 차입자는 관련서류와 함께 평가보고서를 제출해야 한다. 대규모 개발사업의 경우, 평가보고서를 제출하고 대출결정이 나기까지는 몇 달이나 1년 이상이 걸릴 수 있는데, 이때 금융기관에서는 평가시점 외에 현재시점의 가치의견을 요구하는 수도 있다. 또한 부동산 평가가 소송 대상일 경우에도 법원에서는 현재시점의 가치의견을 참고상 요구할 수 있다. 이런 경우에 한해서 감정평가사는 원래 내용을 최신의 것으로 수정하여 평가의견서를 제출할 수 있다.

학습내용정리 Summary

01   감정평가사들은 고객에게 여러 가지 다양한 서비스를 제공하는데, 이는 부동산의 가치추계뿐만 아니라, 고객이 갖고 있는 문제에 대한 조언과 상담 그리고 부동산 의사결정에 대한 근거를 제공한다.

02   부동산평가는 가치추계와 시장지역에 대한 조사와 연구, 관련자료의 수집과 분석, 적절한 분석기법의 활용, 평가문제에 대한 해결책 모색 등 여러 영역을 포함하는 복합적인 전문 활동으로 감정평가사들은 부동산 평가실무(appraisal practice), 가치추계(valuation), 평가컨설팅(appraisal consulting) 그리고 평가검토(appraisal review)의 업무를 수행한다.

03   감정평가업무는 사회유지를 위한 기본적 척도로의 기능을 수행하는데, 사회유지 및 성장의 기초 부분에 속하는 높은 사회성과 공공성을 갖고 있으며, 특히, 부동산의 제활동(사용·수익·처분 및 공공사업과 관련된 활동 등)에 대한 평가업의 기능은 사회·경제·행정이 원활히 움직일 수 있도록 기능하는 빠뜨릴 수 없는 촉매의 역할을 하고 있다.

04   평가업의 윤리란 평가업무 특성상 해서는 안 되는 의무를 의미하며, 이는 감정평가사에 의해 허용되지 않는 것으로 한국감정평가사협회는 평가업의 직업윤리를 실현하기 위해 「윤리강령」 및 「윤리규정」을 제정하여 전문직업인으로서의 윤리준수를 제공하고 있다.

05   감정평가업자의 의무는 「감정평가 및 감정평가사에 관한 법률」 제25조(성실의무 등), 제26조(비밀엄수), 제27조(명의대여 등의 금지)에서 규정하고 있다.

06   감정평가과오에 대한 행정제재로 국토교통부장관은 감정평가업자가 일정한 경우에는 그 설립인가를 취소하거나 2년 범위 내에서 기간을 정하여 업무정지를 부과한다.

07   감정평가과오에 대한 민사상의 책임으로 「감정평가사법」 제28조 손해배상책임 규정에 의하는데, 다만, 위 규정이 없더라도 감정평가사는 위임계약상 채무불이행이나 불법행위로 인한 손해배상책임을 부담하여야 하며, 형사상의 책임으로 감정평가업자가 의무를 위반한 경우로 2년 이하의 징역 또는 3천만원 이하의 벌금, 1년 이하의 징역 또는 1천만원 이하의 벌금에 처한다. 특히, 공적 업무를 행하는 감정평가사는 「형법」 제129조(수뢰, 사전수뢰), 제130조(제삼자뇌물제공), 제131조(수뢰후부정처사, 사후수뢰), 제132조(알선수뢰)의 적용에 있어 공무원으로 의제 된다.

08   미국 평가사협회(Appraisal Institute) USPAP 기준에 따르면 감정평가사는 자신이 소속된 전문협회의 윤리규정뿐만이 아니라, 소속된 평가회사의 기준도 준용하며, 일반적인 평가윤리의 기준은 ① 평가행위(appraisal conduct), ② 평가관리(appraisal management), ③ 평가비밀(appraisal confidentiality), ④ 평가기록(appraisal record)이다.

예시문제 Exercise

01 부동산 평가실무에 대하여 세 가지로 구분하여 설명하시오.

02 감정평가업의 사회적 역할에 대하여 설명하시오.

03 직업윤리에 기초하여 부동산 평가업의 직업윤리의 특성을 설명하시오.

04 감정평가과오에 따른 행정제재와 민·형사상의 책임을 구분하여 설명하시오.

05 USPAP에 따른 평가윤리 기준을 설명하시오.

PART

03

부동산평가
타당성조사와 사례분석

01

부동산평가 타당성조사의 개념 및 법적 근거

1) 부동산평가 타당성조사의 정의

"부동산평가 타당성조사"라 함은 발급된 감정평가서에 대해 국토교통부장관의 직권 또는 기관 등의 요청이 있는 경우, 해당 감정평가가 「감정평가법」 또는 다른 법률에서 정하는 절차와 방법 등에 따라 타당하게 이루어졌는지를 조사하는 것을 말한다.[1]

또한 타당성조사의 범위에 적정가격의 적시는 제외하고 있다.

참고 국토교통부 질의 회신(부동산평가과(2AA-0806-011060)) ─────

• 민원제목: 임대주택 재감정평가를 위한 사전 타당성 조사에 대하여
• 신청번호 1AA-0806-007186
• 신청인 이름: OOO

• 질의내용
임대주택법 시행규칙 제3조의 3에 의한 별표1에서 감정평가 결과 10% 이상 격차가 발생하는 경우 재감정을 하도록 하였습니다. 그리고 "감정평가에 관한 법률 시행령 제81조 제2항 제3호에 따라 위탁받은 기관에 재평가 이전의 감정평가에 관한 타당성 조사를 요구할 수 있

─────
1   국토교통부·한국감정원, 「감정평가 타당성조사 5개년 사례집」, 2017, p.3

다"고 되어 있습니다.

- 질의1
이런 경우 재감정에 대한 타당성 조사의 경우, 기 평가한 가격에 대한 적정성뿐 아니라 양측의 감정평가사가 평가한 가격의 적정가격까지 제시하는 것입니까? 아니면 적정가격을 제시하지 않습니까?

- 답변내용
- 처리기관 국토교통부 주택토지실 토지정책관 부동산평가과
- 담당자 000
- 연락처 02-2110-XXXX
- 처리결과(답변내용) 접수번호 2AA-0806-011060

국토해양법에 관심을 가져주신 데 감사드립니다. 일반적으로 임대주택법 시행규칙 제3조의 3에 의한 별표1에서 감정평가 결과 10% 이상 격차가 발생하는 경우 재감정을 하도록 하였습니다.
그리고 "감정평가에 관한 법률 시행령 제81조 제2항 제3호에 따라 위탁받은 기관에 재평가 이전의 감정평가에 관한 타당성 조사를 요구할 수 있다"고 규정하고 있다면 10% 이상 격차가 발생할 경우 법률규정에 근거 재감정을 하도록 규정하고 있기 때문에 자동적으로 재감정을 하여야 합니다.
다만 타당성조사는 단순 가격격차만 발생하였다고 해서 타당성조사를 하는 것은 아니고 감정평가가 가격산정과정에 잘못이 있거나 토지특성 등을 잘못 적용하여 감정평가에 오류가 발생한 경우에만 타당성조사를 의뢰할 수 있으며 타당성조사를 의뢰한 경우 감정평가사가 어떤 점을 잘못하였다고 하는 내용만 적시하라는 것이지 가격까지 제시하여 주는 것은 아닙니다.

감정가격을 알아보고자 한다면 감정평가사에게 감정을 의뢰하여야 합니다. 감사합니다.

---

2) 법적 근거

「부동산 가격공시 및 감정평가에 관한 법률」제41조 및 같은 법 시행령 제81조 제2항 제3호에 '토지 등의 감정평가에 대한 타당성조사'를 위탁업무로 규정하고 대통령령이 정하는 감정평가법인을 위탁업무 수행기관으로 지정하고 있다.

① 국토교통부장관은 제6조에 따라 감정평가서가 발급된 후 해당 감정평가가 이 법 또는 다른 법률에서 정하는 절차와 방법 등에 따라 타당하게 이루어졌는지를 직권으로 또는 관계기관 등의 요청에 따라 조사할 수 있다.
② 제1항에 따른 타당성조사를 할 경우에는 해당 감정평가업자 및 대통령령으로 정하는 이해관계인에게 의견진술 기회를 주어야 한다.
③ 제1항 및 제2항에 따른 타당성조사의 절차 등에 필요한 사항은 대통령령으로 정한다.

3) 타당성조사 대상

국토교통부장관이 「감정평가법」 제47조에 따른 지도·감독을 위해서 감정평가업자의 사무소 출입·검사 또는 「감정평가법 시행령」 제49조에 따른 표본조사의 결과, 그 밖의 사유에 따라 조사가 필요하다고 인정하는 경우에 해당된다.

4) 타당성조사 제외 및 중지 대상

다음의 경우에 해당되면 타당성 조사를 제외하거나 중지한다.

- 법원의 판결에 따라 확정된 경우
- 재판에 계류 중이거나 수사기관에서 수사 중인 경우
- 「공익사업을 위한 토지 등의 취득 및 보상에 관한 법률」 등 관계 법령에서 감정평가와 관련하여 절차가 규정되어 있는 경우로서 권리구제 절차가 진행 중이거나 권리구제 절차를 이행할 수 있는 경우(권리구제 절차를 이행하여 완료된 경우를 포함)
- 징계처분, 제재처분, 형사처벌 등을 할 수 없어 타당성조사의 실익이 없는 경우

02
타당성조사의 절차 및
이의 신청 현황

1) 타당성조사 절차

타당성조사의 순서는 <그림 3-1>과 같으며, 먼저 감정평가의 타당성에 문제가 있다고 판단되면 먼저 타당성기초조사를 의뢰하게 된다.

그 절차는 타당성조사의 접수와 배정이 이루어지며, 이에 따른 자료의 제출과 현장조사가 이루어진다.

현장조사를 통한 조사결과보고서를 작성하는데, 조사결과보고서의 작성은 타당성조사단 내의 최소 2인 이상이 작성함을 원칙으로 하고 있으며, 최종적으로 감정평가 타당성조사심의위원회의 심의와 의결을 거쳐 최종결과를 통지하게 된다.

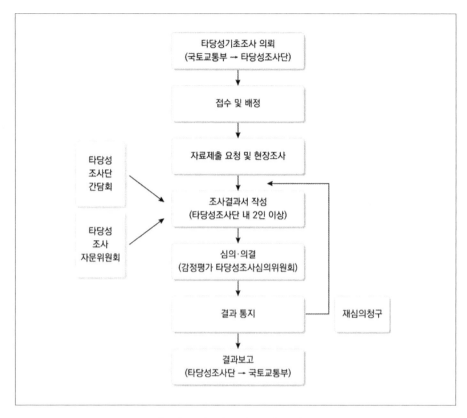

〈그림 3-1〉 타당성 조사 절차도

　　또한「감정평가법」제46조에 타당성조사를 위탁업무(2016.9.1.)로 규정하면
서 동법 시행령 제47조에 타당성조사를 위한 기초자료의 수집 및 감정평가 내
용 분석(타당성기초조사)를 한국감정원에 위탁하였다.

참고 감정평가법 시행령 제8조(타당성조사의 절차 등) ──────────────

① 국토교통부장관은 다음 각 호의 어느 하나에 해당하는 경우 법 제8조 제1항에 따른 타당성조사를 할 수 있다.

   1. 국토교통부장관이 법 제47조에 따른 지도 · 감독을 위한 감정평가업자의 사무소 출입 · 검사 또는 제49조에 따른 표본조사의 결과, 그 밖의 사유에 따라 조사가 필요하다고 인정하는 경우

   2. 관계 기관 또는 제3항에 따른 이해관계인이 조사를 요청하는 경우

② 국토교통부장관은 법 제8조 제1항에 따른 타당성조사의 대상이 되는 감정평가가 다음 각 호의 어느 하나에 해당하는 경우에는 타당성조사를 하지 아니하거나 중지할 수 있다.

   1. 법원의 판결에 따라 확정된 경우

   2. 재판에 계류 중이거나 수사기관에서 수사 중인 경우

   3. 「공익사업을 위한 토지 등의 취득 및 보상에 관한 법률」 등 관계 법령에 감정평가와 관련하여 권리구제 절차가 규정되어 있는 경우로서 권리구제 절차가 진행 중이거나 권리구제 절차를 이행할 수 있는 경우(권리구제 절차를 이행하여 완료된 경우를 포함한다)

   4. 징계처분, 제재처분, 형사처벌 등을 할 수 없어 타당성조사의 실익이 없는 경우

③ 법 제8조제 2항에서 "대통령령으로 정하는 이해관계인"이란 해당 감정평가를 의뢰한 자를 말한다.

④ 국토교통부장관은 법 제8조 제1항에 따른 타당성조사에 착수한 경우에는 착수일부터 10일 이내에 해당 감정평가업자와 제3항에 따른 이해관계인에게 다음 각 호의 사항을 알려야 한다.

   1. 타당성조사의 사유

   2. 타당성조사에 대하여 의견을 제출할 수 있다는 것과 의견을 제출하지 아니하는 경우의 처리방법

   3. 법 제46조 제1항 제1호에 따라 업무를 수탁한 기관의 명칭 및 주소

   4. 그 밖에 국토교통부장관이 공정하고 효율적인 타당성조사를 위하여 필요하다고 인정하는 사항

⑤ 제4항에 따른 통지를 받은 감정평가업자 또는 이해관계인은 통지를 받은 날부터 10일 이내에 국토교통부장관에게 의견을 제출할 수 있다.

⑥ 국토교통부장관은 법 제8조 제1항에 따른 타당성조사를 완료한 경우에는 해당 감정평가업자, 제3항에 따른 이해관계인 및 법 제8조 제1항에 따라 타당성조사를 요청한 관계 기관에 지체 없이 그 결과를 통지하여야 한다.

──

2) 타당성조사 신청 현황

　2012년부터 2016년까지, 지난 5개년 간 실시한 타당성조사 처리 현황은 다음과 같다.[2]

■ [표 3-1] 5개년 타당성조사 처리현황

구 분	2012년	2013년	2014년	2015년	2016년
감정평가서 수	36	35	29	27	51

　지난 5개년 동안 타당성조사 총 건수는 178건이며, 한 해 평균 35.6건이 처리되었다.

　또한 5개년 간 실시한 타당성조사 처리현황을 바탕으로 의뢰인 감정평가서 수를 기준으로 타당성조사 결과에 대한 세부 내용은 다음과 같이 구분되었다.

　물건별로 구분한 타당성조사 세부결과를 감정평가 각 단계로 구분하여 적정, 다소미흡, 미흡, 부적정의 단계별 척도를 통하여 도식화한 결과는 다음과 같다.

　<그림 3-2>의 5개년 타당성조사 결과를 보면 전체 178건 중 37%가 적정하게 이루어졌다고 판단하였고, 다소미흡(19%) 및 미흡(22%)이 41%로 완전히 신뢰하기에는 부족한 수준이라고 판단하였다.

　전체 신청건수 중에서 22%는 부적정하다는 것으로 보아 감정평가보고서의 신뢰성을 확신하기에는 다소 문제가 있다고 볼 수 있다.

2　국토교통부·한국감정원, 전게서, 2017, p.8.

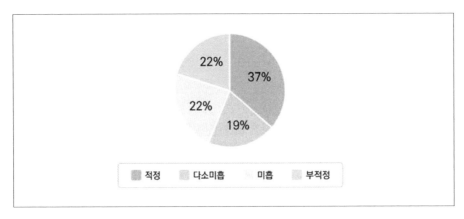

〈그림 3-2〉 타당성조사 결과

토지 등 타당성조사는 전체에서 43%로 전체 타당성 조사의 적정성보다는 다소 높게 제시되었는데, 토지의 전형적인 평가특성이 반영된 결과로 보인다.

다소미흡(18%)과 미흡(23%)의 정도는 전체 41%로 여전히 아쉬움이 남으며, 상대적으로 16%가 부적정하다고 보고 있다.

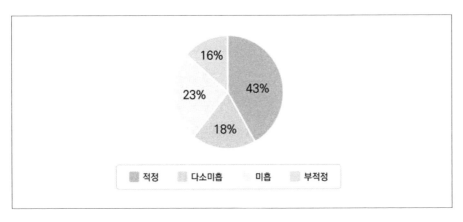

〈그림 3-3〉 토지 등 타당성조사

구분건물 타당성조사는 전체에서 19%로 전체 타당성 조사의 적정성보다는 낮게 제시되었는데, 가치형성요인(위치별, 건물별, 층별 등)에 따른 사례가 다양한 구분건물의 특성에 기인하여 나타난 결과로 보인다.

다소미흡(21%)과 미흡(19%)의 정도는 전체 40%로 아쉬움이 남으며, 적정에 비하여 41%가 부적정하다고 보고 있어 타당성조사의 신뢰성을 확신하기에는 어려움이 있다고 볼 수 있다.

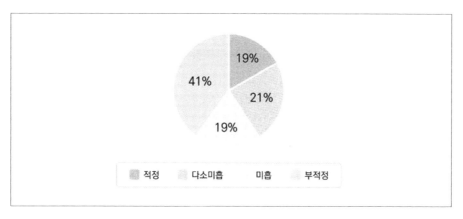

〈그림 3-4〉 구분건물 타당성조사

3) 물건별 타당성조사 요인별 분석

(1) 토지 등 타당성조사

기본적 사항의 확정에 관한 타당성조사 적정성은 전체에서 93%로 매우 높게 조사되고 있다. 토지 등 물건의 감정평가 시 기본적 사항과 관련한 이견이 크지 않음을 나타낸다고 볼 수 있다.

또한, 조사자와 평가대상 토지 등 물건의 적정여부 신뢰가 높은 이유이기도 하다. 다소미흡, 미흡, 부적정은 총 7%로 소수의견을 나타내고 있다.

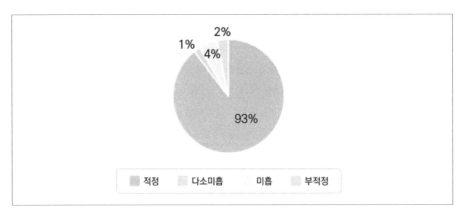

〈그림 3-5〉 기본적 사항의 확정

일반적인 감정평가방법으로 조건부평가, 일단지평가, 구분평가 등의 여러 평가기법이 가능하다.

토지감정평가 과정에 대한 감정평가방법의 세부기준(비교표준지 선정, 시점수정, 지역요인비교, 개별요인비교 등)은 <그림 3-6>과 같이 토지 등의 감정평가방법에 대한 타당성조사 적정성은 전체의 78%로 비교적 신뢰할 만 하다고 평가할 수 있다.

다소미흡, 미흡, 부적정은 총 22%의 의견을 나타내고 있다.

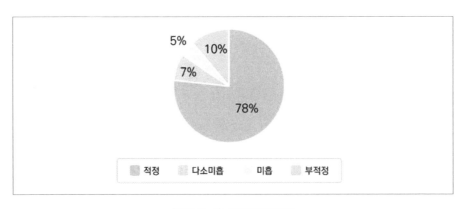

〈그림 3-6〉 감정평가방법

토지 등 타당성조사에 있어 중요한 세부기준 중 하나가 비교표준지 선정이다.

비교표준지 선정의 적정성이 전체의 80%로 비교적 높게 조사되었는데, 이는 감정평가 대상 토지가 구분건물 등의 대상 물건에 비하여 상대적으로 다양하지 않기 때문에 감정평가 대상과 토지의 위치적 유사성을 고려한 비교 평가할 수 있는 적절한 비교표준지가 신뢰도를 높였다고 볼 수 있다.

다소미흡, 미흡, 부적정은 총 20%의 의견을 나타내고 있다.

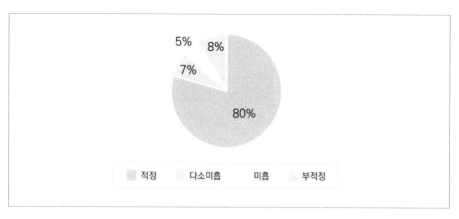

〈그림 3-7〉 비교표준지 선정

시점수정은 부동산 평가 시 사례부동산과 대상 부동산의 가격시점이 다른 경우가 많은데, 시간의 차이를 제거하여 양자의 가치를 동일하게 수정하는 작업이다.

<그림 3-8>에서와 같이 전체의 98%가 타당성 조사의 적정성을 신뢰하고 있으며 다소미흡은 2%, 미흡이나 부적정수치는 통계에 나타나지 않고 있다.

이는 대부분 지가의 상승추세를 반영한 지가변동률을 시점수정치로 산정하는 것에 높은 신뢰를 보이고 있음을 나타내고 있다.

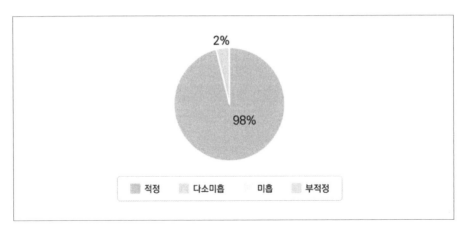

2%

98%

적정　　다소미흡　　미흡　　부적정

〈그림 3-8〉 시점 수정

감정평가활동에서 일반요인보다 지역요인을 더 중요시 하는데, 이는 전국에 영향을 미치는 일반요인보다 평가대상 부동산이 속해 있는 지역요인이 대상 부동산의 가격에 더 직접적으로 영향을 주기 때문이다.

지역요인 비교와 관련한 〈그림 3-9〉에서와 같이 전체의 95%가 적정하다고 보고 있으며, 5%만이 미흡으로 보고 있다.

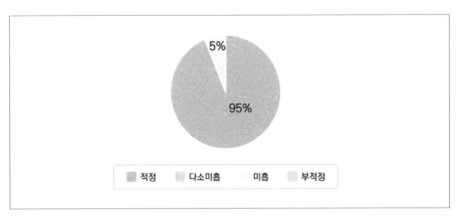

5%

95%

적정　　다소미흡　　미흡　　부적정

〈그림 3-9〉 지역요인 비교

개별요인은 감정평가 대상물인 부동산의 가격에 직접 영향을 미치는 부동산 자체의 위치·면적·형상·이용상황 등의 개별적인 요인을 말한다.

개별요인의 비교에 있어서 부동산의 특수성에 따른 다양성으로 높은 신뢰를 형성하는 것은 다소 한계가 있다고 볼 수 있다.

다만, 타당성 조사의 중요한 부분을 차지하는 개별요인의 신뢰성을 더욱 높이기 위해 조사주체가 합리적인 객관적 대안 제시가 필요한데, 토지 등 개별요인 비교와 관련한 타당성 조사의 결과는 <그림 3-10>과 같다.

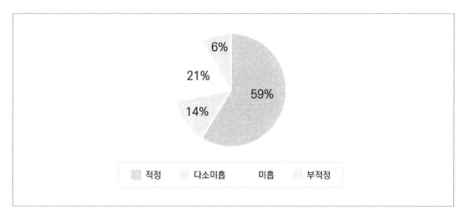

〈그림 3-10〉 개별요인 비교

그 밖의 요인 보정은 공시지가 기준법에 의한 감정평가액이 시점수정, 지역요인 및 개별요인 비교를 거쳤음에도 기준 가치에 도달하지 못하는 경우에 격차를 보완하기 위해 행해지는 보정을 말한다.

<그림 3-11>과 같이 그 밖의 요인 보정의 토지 등 타당성조사에 관한 적정성이 전체의 66%로 다른 요인과 비교하여서는 상대적으로 낮다고 할 수 있다.

그 이유는 공시지가가 시세에 미치지 못하기 때문에 현 시세와 공시지가와의 차이를 조정해 주어야 신뢰도를 향상시킬 수 있다고 보여진다.

〈그림 3-11〉 그 밖의 요인 보정

토지 등 타당성조사를 통해 앞서 언급한 각각의 결과가 감정평가액이라 할 수 있을 것이다.

전체의 73%가 감정평가액에 대하여 적정하다고 신뢰한 반면, 다소미흡(6%)과 미흡(5%)이 11%로 부적정 의견이 16%로 나타났다. 앞서 토지 등 타당성 조사의 결과와는 수치적으로 많은 차이가 있다.

요인별 별도의 조사에 따른 다른 수치는 이해되나 요인들의 결과물이라 할 수 있는 감정평가액과 상이한 결과는 한국감정원 자료의 신뢰성에 다소 문제가 있을 수 있다고 보여진다.

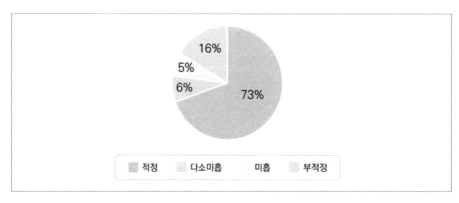

〈그림 3-12〉 감정평가액

(2) 구분건물 타당성조사

기본적 사항의 확정에 관한 구분건물 타당성조사의 적정성은 전체에서 98%로 만점에 가깝게 조사되었다.

나머지 2%의 의견도 다소미흡으로 적정과 크게 다르지 않은 결과로 구분건물에 관한 기본적 사항의 확정에 관한 타당성 조사는 이견이 없다고 보아도 될 것이다.

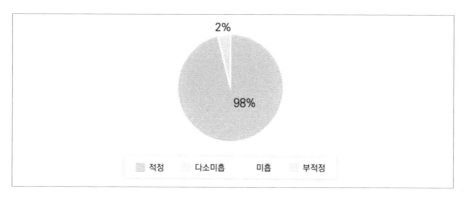

〈그림 3-13〉 기본적 사항의 확정

구분건물의 감정평가방법에 따른 타당성조사는 토지 등의 감정평가방법과 비교하여 상당히 높은 수준의 적정의견을 나타내고 있다.

전체 87%가 적정한 의견을 표시하고 미흡이 13%로 상당히 신뢰할 수준이다.

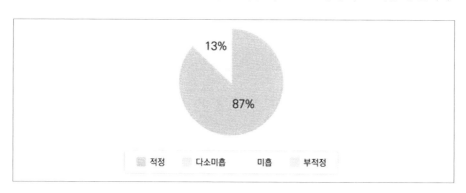

〈그림 3-14〉 감정평가방법

구분건물의 거래사례 선정은 토지 등과 비교하여 사례가 어렵고 복잡한데, 가령, 층이 상이하거나 도로전면부나 후면부에 인접하느냐에 따라 다르게 평가되는 요소들이 다양해서 비슷한 거래사례의 선정이 쉽지 않다.

거래사례 선정과 관련하여 전체에서 64%가 적정하다고 답하였고, 11%가 다소미흡, 25%가 미흡으로 응답하였다.

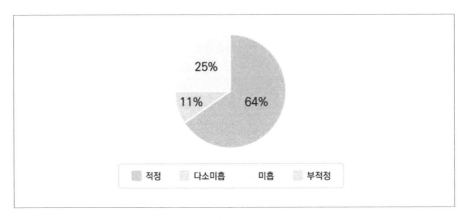

〈그림 3-15〉 거래사례 선정

사정보정은 비정상적 요인에 의해 정상가격이 적정하지 못하게 될 때, 그러한 사정이 없을 때의 가격수준으로 가격을 바로잡는 것을 말한다.

예를 들어 신축 건물임을 감안한다거나 분양 중인 물건임을 감안하여 감정평가하는 것이다. 구분건물의 사정보정에 관한 타당성조사는 다른 요인에 비하여는 적정의견이 낮다.

전체에서 적정은 55%이나, 다소미흡은 19%로 비교적 높은 수준을 유지한다. 반면 미흡은 19%, 부적정은 7%로 비교적 낮으나, 다른 요인과 비교해보면 부적정과 미흡이 높은 편이다.

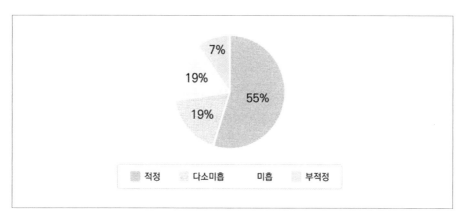

〈그림 3-16〉 **사정보정**

구분건물의 시점수정은 토지 등의 부동산 시점수정과 마찬가지로 감정평가에 있어 시간의 차이를 제거하여 양자의 가치를 동일하게 수정하는 것을 말한다.

토지 등의 타당성조사와 비교하면 다소 낮은 신뢰도를 보이고 있지만 다소미흡의 정도를 고려해 보면 큰 차이는 없다. 전체에서 적정은 70%, 다소미흡은 28%이며 미흡은 2%이다.

〈그림 3-17〉 **시점수정**

가치형성요인은 비교 대상물건의 경제적 가치에 영향을 미치는 일반요인, 지역요인 및 개별요인 등을 말한다.

일반요인은 부동산의 용도나 지역에 관계없이 부동산의 가치형성에 영향을 미치는 요인을 말하고, 지역요인이란 대상지역의 부동산 가치형성에 영향을 미치는 요인을 말하며, 개별요인이란 대상부동산 자체적으로 가치형성에 영향을 미치는 요인을 말한다.

가치형성요인 비교를 통한 구분건물의 타당성조사는 적정 43%, 다소미흡 4%로 부정적의견인 미흡 21%, 부적정 32%에 비해 낮다. 조사에 미치는 요인별 가중치가 다양하여 적정성을 판단하기가 쉽지 않기 때문이다.

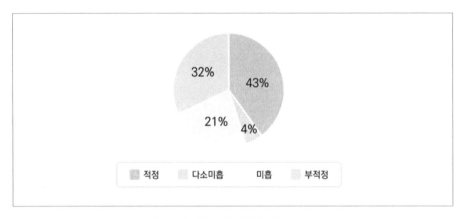

〈그림 3-18〉 **가치형성요인 비교**

구분건물의 각 요인별 타당성조사의 결과가 감정평가액이나, 감정평가액의 적정성여부를 보면 토지 등의 타당성조사에 비하여 낮다.

전체에서 적정은 43%로 <그림 3-19>와 같이 토지 등의 감정평가액에서 43%의 적정과는 비교된다. 다소미흡도 4%로 전체에서 적정과 다소미흡이 47%에 지나지 않는다.

반면 부적정은 크게 증가하여 40%이며 미흡도 13%로 과반 이상을 차지한다.

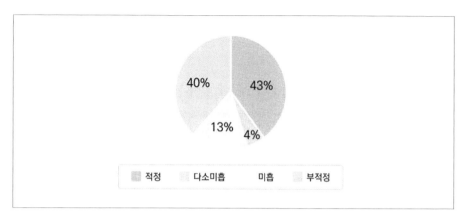

〈그림 3-19〉 감정평가액

03

타당성조사 이의 신청의 양정기준별 분류

1) 기본적 사항에 대한 세부기준

(1) 기본적 사항의 확정

(i) 평가대상 및 감정평가 구체적 목적의 확정

「감칙」제9조에 의하면 감정평가업자는 감정평가를 의뢰받았을 때에는 의뢰인과 협의하여 대상물건 및 감정평가 목적 등을 확정하여야 하며, 이때 대상물건과 감정평가 목적 등은 개별법의 규정에 일치하여야 한다.

의뢰인의 요구사항이 관련 법률의 규정에 일치하지 않는 경우에는 감정평가 의뢰를 거부하거나 수임을 철회함이 타당하다.

(2) 이용 상황 판단

(i) 이용 상황 판단의 적정성 여부와 일관성 여부

감정평가는 기준시점에서의 이용상황을 기준으로 평가함을 원칙으로 하고 있다. 단, 불법적이거나 일시적인 이용은 예외로 하고 있다. 감정평가서상 건물요항표, 건물개황도, 명세표에 여러 가지 용도로 혼용하여 기술하면서 이용상황을 특정하지 못하고 있을 시, 평가자는 공부와 실제 이용상황이 다른 경우 관련 규정에 근거하여 불법적이거나 일시적인 이용 등을 검토하여 평가에 적용할 이용상황을 확정하여 감정평가서를 명확하고 일관성 있게 작성하여야 한다.

(ii) 현황 판단의 적정성

현황 판단을 명확하게 단정하기 어려운 상황에서는, 평가자는 현황 판단에 대해 의뢰인에게 재조회, 유관기관(예: 도로관리청, 지자체 등)을 통한 조사를 명확히 하고 현황에 따른 평가액을 같이 기록하거나, 이용상황 판단에 따라 평가액이 달라질 수 있음을 감정평가서에 기재하는 등의 절차를 추가하여 발생할 수 있는 책임문제에 보다 유연하게 대응할 수 있다.

☑ 사례

현황 판단의 적정성 검토

1. 쟁점사항
   1971년부터 감정평가 당시까지 장기간 인도(도)로 사용된 토지의 현황 판단 문제이다. 사실상 사도와 상업나지 중 어느 것이 합당한지 여부와 용도 특정이 어려운 경우의 처리절차에 관한 사례이다.

2. 사례분석
   평가 목적상, 동일 필지에 대한 개별요인 비교치(공매: 0.85, 소송: 0.33) 격차가 크게 발생한다. 격차발생원인에 있어서 이용상황에 대하여 공매 목적 평가 시는 상업나지로 보아 획지조건을 열세하다고 판단하였고, 소송 목적 평가 시는 인도(도)로 보아 행정조건 열세로 판단한 사안이다.

〈공매 감정평가서상 본건 표시 위치〉

〈측량시 본건 실제 위치〉

3. 검토의견
   - 본 건에 대한 의견은 다음과 같다. 사실 상의 사도의 분류 중 토지소유자
     가 임의로 타인의 통행을 제한할 수 없는 도로로 판단되지만, 관할 구청
     은 상업나지로 원상회복이 가능하다는 입장이다. 또 서울지방경찰청은 토
     지에 대한 소유권 행사 시 일반 교통방해라는 입장으로 상업나지의 원상
     회복에도 제약이 있다고 보고 있어, 현황 판단을 사실상의 사도나 상업나
     지로 단정하기 어려운 상태이다.
   - 본 건은 사실상 인도로 사용되는 사도나 상업나지 둘 중 하나로 단정하기
     쉽지 않은 상황에서, 평가자는 어느 하나의 용도로 현황을 단정하였다.
     이러한 상황에서는 현황 판단에 대해 의뢰인에게 재조회, 유관기관(예:
     도로관리청, 지자체 등)을 통한 조사를 명확히 하고 현황에 따른 평가액
     을 같이 기록하거나, 이용 상황 판단에 따라 평가액이 달라질 수 있음을
     감정평가서에 기재하는 등의 절차를 추가하여 사후 발생할 수 있는 책임
     문제에 보다 유연하게 대응할 수 있다.

2) 감정평가방법에 대한 세부기준

(1) 조건부 평가

(i) 평가조건의 합리성 여부

「감칙」 제6조는 감정평가조건 부가 시에는 조건의 합리성, 적법성, 실현가능성을 검토하여야 한다. 조건의 합리성, 적법성이 결여되거나 사실상 실현 불가능하다고 판단할 때에는 의뢰를 거부하거나 수임을 철회할 수 있다고 규정되어 있다.

「감칙」 제13조에서는 시장가치 외의 가치를 기준으로 평가하거나 감정평가조건을 붙인 경우 내용을 명확히 할 수 있도록 그 내용이 표기된 평가서 표지를 사용하도록 규정하여 평가의 합리성에 대한 근거를 제시하고 있다.

(ii) 시장가치외의 가치기준 평가

「감칙」 제5조에 의하면 감정평가는 정상가격(現 시장가치)을 기준으로 평가하는 것이 원칙이나, 예외적으로 평가목적·대상물건의 성격상 정상가격으로 평가함이 적정하지 아니하거나 특수한 조건이 수반되는 경우에는 특정가격으로 결정할 수 있도록 규정하고 있다. 그러나 조건설정에 따른 특정가격은 예외적인 경우로서 ① 감정평가 관계법령에 감정평가조건의 부가에 관한 규정이 있거나, ② 의뢰인이 감정평가조건의 부가를 요청하는 경우, ③ 감정평가의 목적이나 대상물건의 특성에 비추어 사회통념상 당연히 감정평가조건의 부가가 필요하다고 인정되는 경우에 한정하여 적용될 수 있으며, 평가조건을 붙일 때에도 그 조건의 합리성, 적법성을 검토하여야 시장가치 외의 가치 기준 평가가 가능하다.

(iii) 신축 예정 건물의 감정평가 가능 여부

우리나라의 평가관련 법령에서는 신축 예정 건물의 평가가능 여부에 대한 해석이 불분명하나 「도시 및 주거환경정비법」 제48조 제5항이 분양예정자산 평가 등을 통해 예정건축물 평가를 법정화하고 있고, 우리나라와 가치추계방식이 유사한 일본이나 미국 역시 예정건축물의 평가를 허용하고 있는 점을 볼 때 예정건축물의 평가가 불가능한 것으로 단정하는 것은 맞지 않다.

다만, 평가자의 자의적인 감정평가에 따른 혼란을 예방하기 위하여 명확한 의뢰조건을 전제로 건축허가서 및 설계도면 등을 통해 물건의 내용이 확정 가능하고 실현 가능성이 있으며, 객관적인 공사비 내역 등을 통해 합리적인 가치추계가 가능한 경우 등으로 엄격히 제한 운용하여야 잘못된 평가에 따른 선의의 피해를 예방할 수 있을 것이다.

(2) 일단지 평가

(i) 용도상 불가분 관계가 성립하는 일단지

「감칙」 및 「감정평가 실무기준」에서 일단지란 일단으로 이용되는 상황이 사회적·경제적·행정적 측면에서 합리적이고 해당 토지의 가치형성 측면에서도 타당하다고 인정되는 등 용도상 불가분의 관계에 있는 경우를 의미한다.

일단지 판단 시 ① 토지소유자의 동일성과 직접적인 관련성이 없고, ② 지목의 동일성 여부와는 무관하며, ③ 주위환경 등의 사정으로 보아 현재의 이용상황이 일시적인 경우는 배제하여야 함에 유의하여야 한다.

(3) 구분 평가

사업시행자는 「토지보상법 시행령」 제7조에 의거 토지조서, 「토지보상법 시행규칙」 제16조 제1항에 의거 별지 제15호 서식의 보상평가의뢰서상 토지 내역에 토지의 현실적인 이용상황을 기재하여야 한다.

토지는 「토지보상법」 제70조 제2항에 의거 현실적인 이용상황과 객관적 상황을 고려, 「감칙」 제15조는 가치를 달리하는 부분은 이를 구분하여 평가할 수 있도록 규정하고 있으며, 관련 유권해석 역시 현실적인 이용상황별로 평가하는 것이 타당한 것으로 해석하고 있다.

「감칙」 제10조에 따르면 감정평가사가 특별한 사정이 없는 한 실지조사하여 대상 물건의 현실적인 이용상황을 확인해야 하므로, 사업시행자가 작성한 토지조서 및 평가의뢰서상에 해당 토지에 대한 현실적인 이용상황이 구분되어 기재되지 않고 단순 의뢰되었다고 하더라도 평가자는 실지조사 결과를 바탕으로 구분하여 평가하여야 한다.

(4) 평가의 목적을 구분하여 발생하는 실익

일반적으로 평가목적의 구분은 아래와 같이 적용법령, 평가 기준시의 구분 실익이 있는 것으로 이해되고 있으나 이는 감정평가를 위한 편의상 매수와 보상으로 구별한 것에 불과할 뿐 평가목적의 분류가 대외적 구속력을 가진다고 볼 수 없다.

매수평가의 경우에도 「토지보상법」을 준용해야 하는 경우나 보상목적으로 의뢰되어도 「토지보상법」이 적용될 수 없는 개별법률 입법례가 상당수 있어 의뢰서에 기재되어 있는 평가목적대로 평가하는 경우 위법한 평가가 될 가능성이 있다.[3]

감정평가 시에는 평가목적 상 매수와 보상을 구별하여 표시하여야 하므로 평가의뢰자 또는 평가자는 토지의 취득 목적, 근거, 절차 등을 검토하여 평가목적을 구별하여야 한다.

매수와 보상의 평가목적 구분은 감정평가업자의 편의 또는 감정평가서 기재를 위한 것으로 일반국민, 감정평가 의뢰인, 법률상의 개념과는 상이할 수 있으므로 감정평가 의뢰서상 평가목적에 따라 토지보상법 등의 적용여부가 구별되는 것이 아니므로 반드시 대상 토지 취득의 근거가 되는 법률과 절차를 정확하게 검토하고 평가에 임해야 할 것이다.

---

3   국토교통부·한국감정원, 전게서, 2017, p.48.

■■ [표 3-2] 평가실무상 일반적으로 이해되는 평가목적의 구별

평가목적 구분	매수평가	토지보상법상 토지보상 평가
① 적용법령	「부동산공시법」	「토지보상법」
② 공통기준	• 공시지가기준평가 • 현황평가 • 적정가격 평가	• 공시지가기준평가 • 현황평가 • 적정가격 평가
③ 재발이익 배제여부	• 현실화, 구체화된 개발이익 반영평가	• 당해 사업으로 인한 개발이익 배제 평가
④ 공법상 제한 반영	• 모든 공법상 제한사항 반영	• 개별적제한 미반영
⑤ 미불용지	• 현황 평가	• 공익사업에 편입될 당시의 이용상황기준
⑥ 잔여지 매입 여부	• 잔여지 매수 제외	• 잔여지 매입 가능
⑦ 건물	• 취득가액 평가, 무허가건축물 매수제외	• 이전비 및 취득가격보상, 무허가건축물 보상특례
⑧ 건물면적	• 공부기준	• 현황기준
⑨ 평가방법	• 감정평가에 관한 규칙	• 토지보상법 시행규칙
⑩ 기타 지장물	• 평가 제외	• 공작물, 수목 등 별도 평가
※ 재평가	–	• 10% 이상

(5) 평가방법의 결정

(i) 수익방식에 의한 평가금액 결정

「감칙」제10조 및 제17조에 의거 공시지가를 기준으로 평가하되 그 평가가 크게 부적정한 경우에만 다른 방식을 사용할 수 있다. 임야에 대한 담보 평가를 하는 경우 작물재배 수익을 현재 가치로 환원하는 수익방식으로 평가금액을 결정하게 되면 고가의 평가가 이루어져 적절치 않다. 수익방식을 적용하는 경우에는 작물재배 수익(매출액)에 순소득률을 감안하여 평가하는 것이 적절하다.

(ii) 적용법률 차이에 따른 평가의 적정성 여부

동일 필지인 토지에 대해 「토지보상법」에 의한 보상목적의 평가액과 「공유재산 및 물품관리법」(이하「공유재산법」)에 의한 교환목적의 평가액 차이가 큰 경우, 「토지보상법」 제67조는 당해 공익사업으로 인하여 토지 등의 가격에 변동이 있는 때에는 이를 고려하지 아니한다고 규정되어 있으며, 「공유재산법」 제30조는 처분재산의 가격은 시가를 고려하여 결정한다고 규정하고 있다.

✔ **사례**

평가방법의 결정(수익방식에 의거한 평가액 결정)

1. 쟁점사항

지목, 현황이 임야인 토지 평가의 경우, 수익방식에 의한 감정평가액 결정의 적정성과 관련한 사항이다.

2. 사례분석

본 건은 임야에 대한 담보 평가문제이다. 평가자는 표고버섯재배 등에 따른 작물재배수익을 현재가치로 환원하는 수익방식으로 평가하여 평가액이 상대적으로 높게 이루어진 사안이다.

3. 검토의견

본 건은 임야로써 「감칙」 제10조 및 제17조에 의거 공시지가를 기준으로 평가하되 그 평가가 크게 부적정한 경우에만 다른 방식을 사용할 수 있음에도 불구하고 공시지가 기준방식을 준용하지 않았고, 수익방식으로 가격을 결정하여 결과적으로 평가가 크게 부적정하여 「감칙」 제10조를 위반했다.

평가자는 작물재배수익을 현재가치로 환원하는 수익방식으로 평가금액을 결정하고 있다. 하지만 작물재배수익은 부동산에서 직접 발생하는 수익이 아니며, 작물재배수익 중 토지의 귀속분에 대한 검토가 이루어져야 함에도 작물재배수익을 직접 환원하여 토지의 가치로 결정하는 것은 적정하다고 보기 어렵다.

수익방식을 적용하는 과정상에서도 작물재배수익(매출액)에 순소득률을 감안하지 않은 오류를 범하고 있어 적정한 평가가 이루어졌다고 보기 어렵다.

3) 토지감정평가 과정에 대한 세부기준

(1) 비교 표준지 선정

(i) 연도별 공시지가 선정 오류

도시개발사업의 경우 「○○지구 도시개발사업 시행 조례 시행규칙」 제16조에서 사업지구안의 토지 평가는 「부동산공시법」에 따라 평가한 금액으로 하며 각 획지(필지)마다 평가하는 것으로 한다고 규정하고 있는바, 감정평가는 「부동산공시법」, 「감칙」, 「감정평가 실무기준」 등 일반 감정평가 관련 법령 및 규정을 적용하여야 할 것이다.

(ii) 위치적 유사성이 낮은 비교표준지 선정

개시시점과 종료시점의 개별공시지가가 없는 경우 개발부담금 부과를 위한 개시 및 종료시점지가 선정은 「개별공시지가 산정지침」이 아닌 「개발이익 환수에 관한 법률 시행규칙」 제8조 제2항, 판례 [대법원 2004.7.22 선고 2002두868판결(개발부담금 부과 처분 취소)], 국토교통부 질의회신 등에 근거하여 「부동산 공시법」에 의한 감정평가 방법으로 선정하는 것이 타당하다.

「하수도법」에서는 공공하수도가 설치된 경우에는 하수관으로부터 직선거리 300m 이내는 하수처리 구역으로 정하고 구역 내 시설물 관리자는 하수를 공공하수도에 유입시키도록 강제하고 있으며, 일정한 경우에는 예외적으로 개인하수처리 시설을 설치하여 건물을 신축하도록 허용하고 있다.

한편 「○○○○○○도 도시계획 조례」에서는 건축물의 건축이나 공작물을 설치하는 자는 개발행위 시 하수도가 설치되지 아니한 지역에서는 건축물의 건축을 허가할 수 없도록 규정하고 있으며, 예외적으로 읍·면 지역에 한해 개인 하수 처리시설을 설치하고 건축할 수 있도록 규정하고 있다. 그러나 동 지역은 「하수도법」 제16조에 따른 공공하수도의 설치와 같은 법 제27조에 따른 배수설비의 설치가 가능한 지역으로 기존 하수관거와 연결하는 경우에 한정하고 있다. 즉 동지역의 기존 하수관거에 연결하는 경우에만 건축이 가능하도록 규정하고 있다.

하수도관로의 매설 여부가 토지 가격에 영향을 미치므로 용도지역·이용상황·주위환경 등에서 동일·유사한 표준지가 인근에 소재하더라도 표준지로 선정함에 하수도관로 매설 여부 등의 공법상 제한사항의 비교 검토가 필요하다.

☑ 사례

토지 감정평가과정(위치적 유사성이 낮은 비교표준지)

1. 쟁점사항

   개시시점과 종료시점의 개별공시지가가 없는 경우, 개발부담금 부과를 위한 종료 시점지 산정 시 인근지역에 비슷한 이용가치를 지닌 표준지가 있었음에도 원거리에 소재한 표준지 선정이 합리적으로 적정한지 여부와 관련한 쟁점이다.

2. 사례분석

   본 건은 □□동 OO리에 소재한 토지이다. 그런데 평가자는 본 건이 종료시점 지가를 원거리의 인접 동인 △△면 △△리에 소재한 상업용 비교표준지를 기준으로 산정하였으나, 최초 평가 이후 소유자의 이의 신청으로 재평가시 □□동에 소재한 공업용 비교 표준지로 변경하여 종료시점지가를 산정한 사안이다.

<〈인근 표준지 위치도〉>

● 평가자가 선정한 비교표준지 (□□동 소재)
○ 대상이 소재한 지역에 선정가능한 비교표준지 (OO면 OO리 소재)

3. 검토의견

- 개시시점과 종료시점의 개별공시지가가 없는 경우에는 개발부담금 부과
  를 위한 개시 및 종료시점지가의 산정은 「개별공시지가 산정지침」이 아
  닌 「개발이익 환수에 관한 벌률 시행규칙」 제8조 제2항, 판례[대법원
  2004.7.22.선고 2002두868 판결(개발부담금부과처분취소)], 국토부 질의
  회신 등에 근거하여 「부동산공시법」에 의한 감정평가방법으로 산정하는
  것이 적정하다.

- 본 건이 있는 지역은 상업용과 공업용 토지가 혼재된 지역으로 상업용과
  공업용 토지 중 특정 이용 상황을 단정적으로 판단하기 어렵다. 또 건축
  물대장상 용도는 제2종 근린생활시설로 제2종 근린생활시설간의 변경은
  큰 제약이 없기 때문에 본 건의 이용 상황은 상업용과 공업용으로 모두
  이용 가능한 것으로 평가된다. 다만, 본 건의 인근 지역에 공업용 표준지
  가 있음에도 불구하고 원거리에 소재한 공업용 표준지를 선정하여 평가
  하는 것은 적정하지 않다.

(iii) 둘 이상의 용도지역에 걸치는 토지

비교표준지 선정기준의 관련 규정에 따르면 대상과 가장 유사한 비교표준지 하나를 선정하여 평가하는 것이 원칙이나, 둘 이상의 용도지역에 속하여 가치를 달리하는 경우 둘 이상의 비교표준지를 선정할 수 있다.

따라서 둘 이상 용도지역에 속하는 토지의 평가 시 가치를 달리하는 부분은 구분 평가할 수 있는바, 각각의 용도지역에 해당하는 표준지를 선정하는 것이 바람직하고, 각각의 용도지역에 해당하는 표준지를 선정하기 곤란하면 가장 유사한 하나의 표준지를 선정함이 타당하다 할 것이다.

✔ 사례

토지 감정평가과정(둘 이상의 용도지역에 걸치는 토지)

〈본건 및 비교표준지〉

1. 쟁점사항

둘 이상의 용도지역에 걸치는 토지의 비교표준지 선정의 경우, 주된 용도지역이 아닌 종된 다른 용도지역을 기준으로 비교표준지를 선정함이 적정한지 여부이다.

2. 사례분석

   토지A(농림지역 약 65%, 보전관리지역 약 35%에 속한 토지), 토지B(농림지역 약 99%, 보전관리지역 약 1%에 속한 토지)의 감정평가의 경우, 주 용도지역이 농림지역임에도 불구하고 보전관리지역의 비교표준지 하나만을 선정한 사안이다.

3. 검토의견

   - 「부동산공시법」 제21조 및 「감칙」 제17조에 의하면 토지는 유사한 이용가치를 지닌다고 인정되는 비교표준지를 기준으로 평가하고, 비교표준지는 용도지역 · 지구 · 구역 등 공법상 제한이 같거나 유사하고, 실제 이용상황 등이 같거나 유사하고, 주위 환경 등이 같거나 유사하고, 당해 또는 인접 시 · 군 · 구 안의 인근지역에 위치하며, 지리적으로 가능한 한 가까이 있는 것을 선정하여 평가해야 한다고 되어 있다.
   - 「감칙」 제15조 제2항은 토지가 가치를 달리하는 경우는 구분하여 평가할 수 있도록 하고 있다.
   - 본 건은 2개의 용도지역(농림지역, 보전관리지역)에 걸치는 토지로서 토지A(농림지역 약 65%, 보전관리지역 약 35%에 속한 토지)는 주된 용도지역이 농림지역이기 때문에 농림지역을 비교표준지로 선정하거나, 농림지역 · 보전관리지역의 비교표준지를 각각 선정하여야 한다. 토지B(농림지역 약 99%, 보전관리지역 약 1%에 속한 토지)는 거의 대부분의 면적이 농림지역으로 농림지역의 비교표준지를 선정하여야 한다.

(iv) 토석채취허가기간 만료된 토지(임야)

토석채취허가를 득하였으나 허가기간이 만료된 상태이고, 토석채취로 대부분 평탄화되어 있는 지목 임야인 토지의 감정평가 시 선정한 비교표준지의 적정성 여부와 관련하여 대법원은 현실 이용 상황이 잡종지라 하여도 채석허가기간이 만료하면 훼손된 채석지에 대한 산림복구가 예정되어 있으므로 '공부상 지목에 따라 임야로서 평가함이 마땅하다'라고 판시하고 있다.

기간을 정하여 산지로 복구할 것을 조건으로 하여 일정 기간 동안 토석을 채취할 수 있는 토석채취허가는 「산지관리법」 제2조 제3호에 따른 산지일시사용허가이며, 「산지관리법」 제21조의2는 「산지관리법」 제14조에 의한 산지전용허가를 한 경우를 제외하고는 지목 변경을 금지하고 있어 비록 토석채취를 통해 임야가 평탄화되었다고 하여도 산지전용허가가 없는 한 임야이다.

(2) 시점수정

(i) 적용시점 수정치의 적정성 여부

보상평가 시 「토지보상법」에 해당 공익사업으로 인한 개발이익을 배제하기 위해 해당 공익사업으로 인한 지가의 영향을 받지 아니하는 지역의 지가변동률 및 생산자물가지수를 고려하여 시점 수정을 하도록 규정하고 있으나, 지가변동률과 생산자물가지수의 우선 적용순위에 대하여서는 별도로 규정하고 있지 않다.

일반평가 시 「감칙」 제14조 제3항 제2호에서는 시점수정은 원칙적으로 지가변동률을 적용하고, 지가변동률을 적용하는 것이 불가능하거나 적절하지 아니한 경우에 한하여 생산자 물가지수에 따라 생산자물가상승률을 적용하도록 규정하고 있다.

여기서 지가변동률을 적용하는 것이 불가능한 경우라 함은 지가변동률이 발표되지 않은 경우 등과 같이 실제적으로 지가변동률을 적용할 수 없는 경우를 말하며, 지가변동률을 적용하는 것이 적절하지 아니한 경우라 함은 지가변동률이 지가변동 추세를 적절히 반영하지 못하는 명백한 사유가 있는 경우를 의미한다 할 것이다.

☑ 사례

토지 감정평가과정(적용 시점수정치의 적정성)

1. 쟁점사항

　이번 사례는 보상평가 시 시점수정치를 지가변동률과 생산자물가상승률의 산술평균치로 적용한 것이 적정한지 여부가 쟁점이다.

2. 사례분석

　보상평가의 경우에 2개 법인이 지가변동률을 시점수정치로 결정한 반면, 1개 법인은 지가변동률과 생산자물가상승률의 산술 평균으로 시점수정치를 결정한 사안이다.

3. 검토의견

　- 대법원에서도 "토지의 수용에 따른 보상액의 산정에 있어 … 지가변동률 외에 도매물가상승률을 참고하라는 취지이다. 지가변동률이 지가의 추세를 적정하게 반영하지 못할 만한 특별한 사정이 있는 경우, 이를 통해 평가를 보완하기 위한 것일 뿐이다. 반대로 지가변동률이 지가 추세를 적절히 반영한 경우에는 이를 필요적으로 참작하여야 하는 것은 아니라고 할 것이다"라고 판결하고 있다(대법원 1999.08.24. 선고99두4754).

　- 「토지보상법」에 지가변동률과 생산자물가지수의 적용에 있어 그 우선순위에 대하여서는 별도 규정하고 있지 않으나, 「감칙」및 대법원판례에 의하면 지가변동률이 지가변동추세를 적절히 반영하지 못하는 명백한 사유가 있지 않은 한 지가변동률을 적용하여 시점수정치를 산정하는 것이 타당하다고 하고 있다.

(3) 개별요인 비교

(i) 가로조건

가로조건 비교는 가로의 폭, 포장유무, 계통 및 연속성 등에 대해 비교대상 토지와 본건 토지 간의 우열의 정도를 비교하는 것이다.

미보상토지에 대한 가로조건(접면도로의 상태)에 대한 판단과 관련하여 「토지보상법 시행규칙」 제25조 및 「감정평가 실무기준 해설서」에서는 미지급용지에 대하여 종전의 공익사업에 편입될 당시의 이용상황을 상정하여 평가하며, 편입될 당시의 이용상황이란 편입될 당시의 지목·실제용도·지형·지세·면적·도로와의 접근정도 등의 개별요인을 말한다라고 규정되어 있다.

☑ 사례

토지 감정평가과정(개별요인 비교-품등비교치 판단 오류)

1. 사례분석

본 건은 비교표준지에 비하여 가로조건이 유사하거나 오히려 우세한 토지임에도 열세하다고 평가 결정한 사안의 사례이다.

〈본건 지적도〉	〈비교표준지 지적도〉
	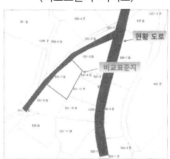

---

2. 검토의견

비교표준지와 본 건의 지적을 확인해 보면 공통적으로 폭 약 3미터의 포장도로에 접하여 있다. 가로의 폭, 포장유무는 두 건이 유사하나, 비교표준지는 남서측 하단도로가 막혀있어 막다른 도로인 반면, 본 건은 토지의 동측으로 도로가 통과하고 있어 도로 연속성이 비교표준지보다 우세한 것으로 분석되기 때문에 본 평가 시 0.90을 적용한 것은 적정하다고 판단하기 어렵다.

(ii) 접근조건

대상 부동산과 공공시설, 상업시설, 교통시설 등의 편익시설과 변전소, 오수처리장, 쓰레기 처리장 같은 혐오시설과의 접근정도를 말한다. 선호 시설과 근접하면 대상 부동산은 이용가치를 높게 판단하고, 비선호 시설과 근접하면 이용가치를 낮게 평가한다.

(iii) 획지, 자연 조건

획지조건이란 토지가격을 형성하는 개별요인 중에 간구의 대소·오행의 장단·형상의 양부·면적의 대소·접면가로와의 고저차, 중간획지 여부, 각지 여부, 이방노선 여부, 대지 여부, 맹지 여부 등 가로와의 관계·기타 획지 특유의 조건을 말한다.

(iv) 행정적 조건

집단취락지구 여부: 집단취락지구란 개발제한구역안의 취락 정비를 위해 지정한 지구로서 「개발제한구역의 지정 및 관리에 관한 특별조치법 시행령」 제13조 및 「○○시 도시계획조례」 등에서 건폐율을 완화하고, 취락지구내의 주택신축을 제한적으로 허용하고 있는 등 집단취락지구는 공법상 제한이 완화되

어 있다. 집단취락지구 지정여부에 따라 건폐율, 용적률, 연면적, 용도변경 등의 규제 내용이 상이하기 때문에 집단취락지구 지정은 토지가치에 영향을 미치며 일반적으로 집단취락지구 밖 토지는 집단취락지구 내 토지보다 공법상 제한정도에서 열세하다.

지목·이용상황 차이: 지목에 따른 차이를 행정적 조건으로 별도로 반영하여야 하는지 여부는 논란이 있으며, 토지보상평가지침상 행정상의 조장 및 규제정도는 행정적 조건으로 분류하고 있어 지목을 별도로 반영하여야 한다는 의견과 현실적인 이용상황에 따른 비교수치 외에 다시 공부상의 지목에 따른 비교수치를 중복 적용하는 것은 허용되지 아니한다는 의견(대법원 2001.3.27 선고 99두 7968 판결참조)으로 나뉘어 있는 상황이다. 따라서 지목에 대한 요인을 행정적 조건에 별도로 반영하지 않을 경우, 타당성이 결여되었다고 볼 수 없으나, 현실 이용상황이 같다고 하여도 지목변경 행위는 지적관계 법규에 의한 행정절차, 부담금 납부, 전용허가 등이 수반(대법원 1991.12.10 선고 91누 605 판결 참조)되어야 하므로 지목이 다른 토지는 가치가 다르다고 보아야 한다.

(ⅴ) 도시계획시설 저촉 등의 반영 여부

1. 비교표준지의 도시계획시설(도로, 공원 등) 저촉에 따른 행정적 조건에 차이가 있는 경우 대등한 비교는 타당성이 결여된다.
2. 지목이 전, 답이나 현황 대지인 경우, 지목 및 현황이 농경지인 비교표준지와 비교 시 농지보전부담금 등의 행정비용의 면제 여부를 확인한 후 이를 행정적 조건 비교에 반영해야 한다.
3. 지구단위계획상 용적률이 상이할 경우, 용적률은 공동주택용지의 가격형성에 있어 중요한 가치형성요인으로, 공동주택용지에 대한 공급가격산정이나 택지비 감정평가 시 비교표준지 및 평가사례 등과의 용적률에 대한 품등비교 과정을 반드시 검토하여 적용해야 할 것이다. 그러나 용적률 격차에 대한 보정방법에 대해 법령이나 지침, 감정평

가 실무기준 등에 구체적인 기준은 마련되어 있지 않은 상황으로, 공동주택용지에 대한 감정평가를 수행하는 경우에는 지역특성 및 개별토지의 특성 등을 고려하여 가장 합리적인 방법을 통해 용적률 차이를 보정해야 할 것으로 판단된다.

완충녹지 저촉비율 반영 여부: 다른 상황의 고려 없이 완충녹지 저촉 상태만을 살펴볼 경우 「부동산공시법」 및 「감칙」에 따라 제한 있는 상태로 평가하는 것을 전제하면, 저촉정도가 감정평가액에 반영된다고 볼 수 있다.

(vi) 공법상 제한 반영

1. 「학교특례법」에 의한 매수평가는 「부동산공시법」을 적용하여 공법상 제한을 반영해야 한다.
2. 「문화재보호법」은 문화재의 보존·관리 및 활용은 원형유지를 기본원칙으로 규정하고 있으며, 그 주변지역(국가지정문화재, 보호구역, 역사문화환경 보존지역 등)에서 행해지는 각종 현상변경행위에 대해 심의·허가절차를 통하여 이루어지도록 규정하고 있다.

따라서 토지가 「문화재보호법」상 역사문화환경보존지역으로 지정된 경우 현상변경허용기준 등에 따라 해당 토지에 대한 최유효이용이 제한될 수 있으므로, 현상변경허가구역 내 토지를 감정평가하는 경우 해당 문화재와 관련된 현상변경허용기준의 고시 여부를 확인하고 ① 현상변경허용기준이 고시된 경우에는 그 기준에서 정하고 있는 구역별 허용기준과 공통사항 등을 검토하고 이에 따라 행위제한 사항을 개별요인에서 반영하여 평가해야 할 것이고, ② 현상변경허용기준이 고시되지 않은 경우에도 해당 시·군·구의 문화재 관련 부서에서 현상변경 가능 여부 및 인근 유사토지에 대한 현상변경 허가처리 현황 등을 조사하여 대상토지에 대한 건축행위 가능여부, 높이제한이나 용도제한이 있는지 여부를 면밀히 검토하여 평가 시 이를 반영하여야 할 것이다.

(vii) 기타조건 적용 시 구체적 사유기재 필요

기타조건은 표준지공시지가에 반영되지 않은 대상토지의 장래 동향, 주변 환경의 변화가능성, 개발 및 전용가능성 등에 대한 보정으로 실무적으로는 불확실성을 내포한 장래의 사실관계에 근거하여 나타나는 입증의 문제, 여타조건과 중복보정의 문제 등으로 제한적으로 사용되고 있다.

판례에 토지의 수용·사용에 따른 보상액을 평가함에 있어서는 관계 법령에서 들고 있는 모든 산정요인을 구체적·종합적으로 참작하여 그 각 요인들을 모두 반영하여야 하지만, 이를 위한 감정평가서에는 모든 산정요인의 세세한 부분까지 일일이 설시(設施)되거나 그 요인들이 평가에 미치는 영향이 수치적으로 나타나지 않더라도 그 요인들을 특정·명시함과 아울러 각 요인별 참작 내용과 정도를 객관적으로 납득이 갈 수 있을 정도의 설명이 있으면 된다(대법원 2002두2727, 2002.6.28)고 판시하고 있다.

(viii) 기타사항

표준지 차제 평가: 표준지공시지가는 실제용도 기준평가 원칙에 의거 공시기준일 현재의 이용상황을 기준으로 평가하는바, 비교표준지 자체를 평가하면서 표준지의 개별요인을 보정하는 것은 타당성이 결여되었다고 볼 수 있다.

국유지 매각 평가 시 현황 판단: 한국감정평가사협회 질의 회신에서 국·공유 잡종재산의 매각을 위한 감정평가를 함에 있어 매각대상 토지가 매수자의 토지와 일단지로 이용 중이거나 장래 일단지로 이용될 것이 예상되는 경우라면 「국유재산법시행령」 제37조 및 「지방재정법시행령」 제96조 규정에 의하여 매각당시의 개량된 상태에 따라 매수자의 토지와 일단지로 이용되는 상태를 고려하여 평가하되, 「지가공시및토지등의평가에관한법률」 제9조 제2항의 규정에 따라 매각대상 토지의 위치, 지형, 환경 등 토지의 객관적 가치에 영향을 미치는 개별획지조건과 매수자의 토지와 일단지로 이용될 경우의 기여도 등을 함께 고려하여 평가하는 것이 타당할 것으로 판단한다고 하였다.

개별요인 비교치를 반대로 적용한 경우: 비교표준지 기준 보상(거래)사례 가격 산정방식 적용 시 개별요인 비교치를 반대로 적용하게 되면, 분모 부분에서 표준지를 기준으로 보상(개래)사례를 평가하게 되며 개별요인 비교 역시 비교표준지 대비 보상(거래)사례의 우열세를 판단하여 적용하게 된다. 이는 그 밖의 요인 보정치와 평가액에 큰 영향을 미치게 되는 바 타당성이 결여된다고 볼 수 있다.

(4) 그 밖의 요인 보정

그 밖의 요인 보정은 「감칙」 제14조 제3항 제5호에 근거를 두고 있으며, 공시지가 기준법에 의한 감정평가액이 시점수정, 지역요인 및 개별요인 비교를 거쳤음에도 불구하고 기준 가치에 도달하지 못하는 경우에 이러한 격차를 보완하기 위해 행해지는 절차이다.

또한 감정평가 실무기준에 의하면 그 밖의 요인 보정을 한 경우에는 그 근거를 감정평가서(감정평가액의 산출근거)에 구체적이고 명확하게 기재하여야 한다.

감정평가 실무에서는 통상적으로 아래의 2가지 산정방식으로 그 밖의 요인 격차율을 산정하고 있다.

※ **감정평가서상 그 밖의 요인 보정치 산정[4]**

① 대상토지 기준 산정방식

$$\frac{(사례기준\ 대상토지\ 평가)사례가격 \times 시점수정 \times 지역요인 \times 개별요인}{(공시지가\ 기준\ 대상토지\ 평가)\ 공시지가 \times 시점수정 \times 지역요인 \times 개별요인}$$

② 표준지 기준 산정방식

$$\frac{(사례기준표준지평가)사례가격 \times 시점수정 \times 지역요인 \times 개별요인}{(표준지공시지가시점수정)공시지가 \times 시점수정}$$

---

4   국토교통부·한국감정원, 전게서, 2017, p.130.

그 밖의 요인 보정 전 시점수정, 지역요인 및 개별요인의 적절한 비교가 선행되어야 한다.

4) 구분건물 감정평가과정에 대한 세부기준

(1) 거래사례 선정

(i) 사정이 개입된 거래사례 선정

대물변제 및 환매계약에 의한 거래사례 선정: 「감칙」은 구분건물을 거래 사례비교법으로 평가함에 있어 거래사례선정에 관한 구체적인 기준을 규정하 고 있지는 않지만 감정평가 실무기준(400 – 3.3.1.2) 등에 관련 규정이 존재하는 바, 거래에 사정이 개입되어 있을 경우 사정보정을 하거나 사정보정이 불가능 한 거래사례는 제외하여야 한다.

☑ 사례

구분건물 감정평가과정(대물변제 및 환매계약에 의한 거래사례선정)

1. 쟁점사항

    대물변제 및 환매계약에 의해 거래된 사례 선정의 적정성 여부에 대한 쟁점이다.

2. 사례분석

    ○○시 ○○프라자 내 동일호 구분건물 평가액에 대하여 하나의 경우는 담보 평가액 과다, 다른 하나의 경우는 경매평가액 과소 민원이 각각 제기되었다. 경매평가 시 선정된 거래사례는 동일 건물내에 위치하고 있어 가격형성요인 비교가 가능한 사례이나, 매매계약서상 대물변제 및 환매계약에 의해 거래 된 사례를 선정한 사안이다.

3. 검토의견

    – 감정평가 시 선정한 거래사례는 시장가치와는 상당한 괴리가 있을 개연성

이 높은 대물변제 및 환매계약에 의해 거래된 것일 경우, 감정평가 시 해당 거래사례를 제외하거나 사정보정을 하였어야 한다.
- 평가자가 위의 사정을 인지하여 고려하기 곤란하였다 하더라도 선정한 거래사례는 거래 전후의 평가사례보다 과소한 금액으로 거래된 사례로 확인되었다. 그럼에도 평가자가 해당 거래사례를 선정하고자 하였다면, 적어도 해당 거래사례의 거래일 전후에 거래사례보다 높은 금액의 평가사례가 존재한다는 사실을 밝히고 해당 거래사례가 시장가치를 반영하는 적정한 거래사례라는 점에 대한 객관적이고 타당한 사유를 제시했어야 한다. 이런 관점에서 볼 때 해당 거래사례선정은 적절하다고 보기 어렵다.

(ii) 비교 가능성이 낮은 거래사례 선정

구분상가 평가 시 소재층이 다소 상이하더라도 가치형성요인 비교에 있어 외부요인 및 건물요인에서 동일한 거래사례를 나타내거나 층별 위치에 따라 가치형성요인이 상당한 차이를 보이는 거래사례가 있는 등의 다양한 특성을 감안할 때, 유사층에 소재하며 층별 가치형성요인에서 유사한 거래사례의 수집이 필요하다.

거래사례비교법은 거래사례의 선정이 가장 핵심적인 절차이며, 특히 구분상가는 개별성이 강하여 가치형성요인 비교 시 주관 개입을 최소화하기 위해서는 거래사례의 가격분석을 통해 가장 적절한 거래사례를 선정하는 것이 중요하다.

(2) 사정보정

(i) 동일한 사례선정 후 용도에 따른 상이한 사정 보정치 적용

거래사례에 특수한 사정이나 개별적 동기가 반영되는 등 거래사례의 가격이 적절하지 못한 경우에 정상화하는 과정이 사정보정임을 감안할 때, 주거용과 상업용이 복합으로 되어 있으며, 주변 인근에 구분건물이 형성되어 있지 않은 점과 인근에 이용상황이 동일한 비교사례가 없다는 점을 이유로 사정보정을 다르게 적용하는 것은 타당성이 부족하다고 볼 수 있다.

(3) 시점수정

(i) 시점수정치 적용 기준 및 산정 기간

구분등기된 집합건물의 거래사례비교법 적용에 있어 시점수정에 관하여 「감칙」이나 감정평가 실무기준에 구체적인 기준은 없다. 다만 공동주택조사 및 산정지침, 감정평가 실무기준 해설서에 시점수정은 「통계법」 제17조에 의하여 한국감정원이 조사·발표하는 전국주택가격동향 조사 월간 주택가격지수, 생산자물가상승률, 비주거용건물임대지수 등을 활용하여 적정한 지수를 적용한다는 관련 내용이 있으며, 한국감정평가 협회에서 2014.10.02. 집합건물 감정평가시 시점수정방법 개선방법 개선사항을 회원사에 전달한 바 있다.[5]

✔ 사례

토지 감정평가과정(시점수정치 적용 기준 및 산정 기간 오류)

1. 쟁점사항
   구분상가의 시점수정치로 지가변동률과 생산자물가상승률을 기준한 경우의 쟁점이다.

2. 사례분석
   구분상가 평가의 경우에 시점수정치 산정근거는 지가변동률과 생산자물가상승률을 기준으로 하였으며, 시점수정치 산정 기간에도 오류가 있는 사안의

---

5 국토교통부·한국감정원, 전게서, 2017, p.150.

사례분석이다.

〈감정평가서상 적용한 시점수정치 및 자본수익률 기준 시점수정〉

법인	거래 시점	기준 시점	시점수정치 산출근거	생산자물가 상승률기준	자본수익률 기준
○○	2012. 08.13	2013. 05.22	지가변동률 (2013.01.01.~2013.05.22.) 0.99927	1.00571	1.00141
△△	2012. 05.10	2013. 12.02	생산자물가상승률 (2013.10/2012.12) 0.99574	1.01463	1.99911

3. 검토의견
   - 담보평가의 경우 시점수정치로 지가변동률을 적용하고 있으나, ① 집합건물은 토지 시장과 별개의 시장으로 분류된다는 점, ② 집합건물은 전유부분과 대지사용권의 일체성을 가진다는 점, ③ 「공동주택조사 및 산정지침」과 감정평가 실무기준 해설서에는 지가변동률에 대한 언급이 없다. 이는 집합건물의 시점수정 시 지가변동률을 적용하지 않고 있다고 해석되기 때문에 집합건물 평가에 있어서 지가변동률의 적용은 일반적인 방식이 아니라고 판단된다.
   - 경매평가의 경우 시점수정치로 생산자물가상승률을 적용하였으며, 적용한 지수는 문제가 없지만, 위 표에 나타난 사례의 거래시점과 기준시점 간(2012.05.10.~2013.12.02.)의 생산자 물가상승률을 적용한 것이 아니라 2012년 12월과 2013년 10월의 생산자물가지수를 적용하여 기간적용의 오류가 있어 타당성이 결여된다.

대분류	종류	권장지수	보조지수
주거용	공동주택	감정원 유형별 매매가격지수	국민은행 유형별 매매가격지수
	주거용 오피스텔	감정원 아파트 매매가격지수	국민은행APT 매매가격지수
비주거용	구분상가	감정원 상업용부동산 자본수익	사례가 2013.01.01. 이전인 경우 협회 작성 상업용 부동산 지역별 자본수익률표 활용
	업무시설		
	아파트형 공장		
	특수부동산		

(ii) 비주거용 부동산의 시점수정치 적용

비주거용 집합건물 평가 시 시점수정치는 월간 주택가격지수보다 상업용 부동산의 자본수익률을 적용하는 것이 일반적이다.

(4) 가치형성요인 비교

(i) 외부요인 비교치 산정

구분상가는 상가로서의 가시성과 고객의 접근성이 가격에 상당한 영향을 미친다. 구분상가의 외부요인 비교치 산정을 할 때도 토지감정평가에서와 같이 가로조건, 접근조건, 환경조건, 획지조건 등의 외부요인 비교가 중요하다.

(ii) 건물요인 비교치의 비교항목

건물요인 비교도 가치형성요인의 중요한 요소 중 하나이다. 예를 들어 건물요인 격차차이를 인테리어 유무 등으로 본다면, 구분상가는 소유자나 임차자가 바뀌어 업종이 변경되는 경우에는 인테리어를 철거하는 것이 일반적으로 인테리어를 포함하여 평가하는 경우 과대평가될 우려가 있다는 것을 염두해야 한다.

(iii) 층별효용비율 산정

평가대상 인근 유사한 구분상가 평가사례를 활용하여 층별효용비율을 분석해야 한다. 비교수치의 객관성을 위하여 층만 다른 동일 목적, 동일 건물, 동일 위치(전면), 유사시점의 평가사례를 비교하여야 한다. 층별효용비율은 결과적으로 평가액에 직접적인 영향을 미치기 때문에 다수의 가격자료가 분포한다면 자료의 분석을 통하여 물건상황에 맞는 층별효용비의 적용이 필요하다.

(iv) 위치별 효용비율 산정의 적정성

구분상가의 측면부와 후면부를 평가하면서 전면부 구분상가 거래사례를 기준으로 감정평가 할 경우, 상업지대 내 상가들의 거래가격 및 평가가격을 분석하면 주도로 전면부에 위치한 상가들의 가격이 높다. 이와 대비하여 이면도로변에 위치한 후면 상가들의 가격 수준이 전면부에 위치한 구분상가들의 평가금액에 비하여 상대적으로 낮기 때문에 이러한 경우 위치별 효용비율에 따른 감정평가액의 적정성 여부가 논의되어야 한다.

✔ 사례

토지 감정평가과정(위치별 효용비율 과다 산정)

1. 쟁점사항

   본 건과 거래사례 간 적용된 위치별 효용비율이 과다하여 감정평가액이 고가로 산정된 경우의 쟁점 사례이다.

본건 (○○타운 1층 112~115호)

거래사례 (○○ 1층 110호)

2. 사례분석

본 건 측면부와 후면부의 구분상가를 평가하면서 전면부 구분상가 거래사례
를 기준으로 위치별 효용비율을 과다 적용하여 감정평가액이 고가 평가된
사안이다.

3. 검토의견

거래사례 호별 내용은 다음과 같다.

① 110호는 남측으로 폭 약 25m 도로에 접한 전면상가

② 112호 및 113호는 동측 12m 도로에 접한 측면상가

③ 114호 및 115호는 북측 12m 도로에 접한 후면상가이다.

인근 상업지역 내 상가들의 거래가격 및 평가가격을 조사·분석하면 25m
도로 전면부에 위치한 상가들의 가격 대비 이면도로변에 위치한 후면 상가
들이 가격 수준이 50~60% 가격 수준임을 확인할 수 있었다. 이러한 점을
감안해 볼 때 평가자가 적용한 비교치(0.83~0.87)는 본 건 물건의 특성을
고려한 감정평가금액이라고 볼 수 없다.

〈본건과 거래사례 위치도〉

5) 감정평가 결과

　감정평가서 작성시점 당시 수집 가능한 사례의 가격수준 대비 차이에 대한 여부를 판단하고, 이에 따른 감정평가사의 귀책사유 유무를 판단하게 된다.

　감정평가사 작성시점 당시 수집 가능한 사례의 가격수준 대비 상당한 차이라 함은 물건의 종류, 수집 가능한 사례의 양과 내용, 해당지역의 부동산 변동상황 등을 종합적으로 참고한다.

　감정평가액의 도출에 따른 감정평가사의 귀책사유가 무엇인지를 고려하여 판단한다.

04

판례에 의한 감정평가의
위법성 판단기준

감정평가는 평가대상의 가격 가치를 판정하여 그 결과를 가액으로 표시하는 업무로 감정평가사가 전문가적 주관을 발휘하여 객관화하는 과정으로 볼수 있다.

그렇지만 전문가적 주관을 기준 없이 무한 반영하여 감정평가의 과정 및 결과가 객관적이지 못하고 보편타당성을 상실한 경우 감정평가 제도의 존립의미가 없으므로 「감정평가법」을 비롯한 관련 법령 등은 감정평가사가 준수하여야 하는 신의성실의 원칙 및 감정평가의 절차와 방법 등을 정하고 있다.

「감정평가법」 제25조에 의할 때 감정평가업자는 신의와 성실로써 공정하게 감정평가를 하여야 하며, 고의 또는 중대한 과실로 잘못된 평가를 하여서는 아니 된다.

여기서 말하는 잘못된 평가라 함은 신빙성이 있는 합리적인 감정결과에 현저히 반하는 근거가 시인되지 아니하는 자의적 방법에 의한 감정을 일컫는 것이며, 이는 정당하게 조사·수집하지 아니하여 사실에 맞지 아니하는 감정자료임을 알면서 그것을 기초로 감정함으로써 허무한 가격으로 평가하거나, 정당한 감정자료에 의하여 평가함에 있어서도 「감정평가법」이나 「감칙」 등이 정하고 있는 합리적인 평가방법에 의하지 아니하고 자의적 방법에 의하여 감정함으로써 고의로 그 평가액을 그르치는 경우를 포함한다.

나아가 허위감정으로 인한 감정평가법 위반죄는 관련 법령에서 정한 감정평가의 원칙과 기준에 어긋나거나 신의성실 의무에 위배되는 방법으로 감정평가를 함으로써 그 결과가 공정성과 합리성을 갖추지 못한 모든 경우에 성립한다(대법원 1987.7.21.선고 87도853 판결, 대법원 2003.6. 24. 선고 2003도1869 판결 등 참조).

판례는 잘못된 평가, 다시 말해 위법한 감정평가의 의미를 잘못된 감정평가 과정으로 인해 감정평가 결과가 잘못된 경우로 명확하게 새기고 있다. 사실에 맞지 않는 감정자료를 수집하거나 관련 법령에서 정한 감정평가의 원칙과 기준에 어긋나는 방법이나 신의성실 의무에 위배되는 방법(재량 범위 밖의 자의적 방법)으로 감정평가를 하여 그 결과가 공정성과 합리성을 갖추지 못한 경우가 바로 판례상의 잘못된 평가인 것이다.

이는 감정평가 과정과 결과의 불가분성을 고려할 때 지극히 당연한 것으로 볼 수 있다. 또한 기본적 사항의 적정성 및 감정평가 과정과 결과의 적정성 모두를 적법한 감정평가의 요건으로 삼고 있고, 감정평가 결과의 적정성 요건을 전제로 「감정평가법」 제28조가 감정평가사의 손해배상책임을 정하고 있고 판례 역시 적정가격의 의미를 일정 범위의 폭을 지닌 가격 수준으로 새기고 있다(대법원 2009. 9. 10. 선고 2006다64627 판결 참조).

감정평가사의 주관과 관련하여 감정평가에 적용되는 기준을 보다 구체화하는 것이 바람직한가에 대한 논쟁은 오래전부터 계속 되어왔다.

기준을 구체화할 경우 감정평가사의 주관적 가치판단에 따른 감정평가의 편차를 줄일 수 있는 반면, 경우에 따라 적정한 감정평가를 방해하는 장애가 될 수도 있기 때문이다.

감정평가 기준은 이러한 논쟁의 결과물로 볼 수 있고, 대법원 판례는 기존 기준을 보완하는 동시에 향후 유사한 감정평가의 또 다른 기준으로 역할을 수행하는 것이다. 이러한 측면에서 감정평가에 관한 대법원 판례에 대한 지속적인 확인과 검토를 통하여 보편타당하고 합리적인 감정평가의 기준을 세워가야 한다.

학습내용정리 Summary

01 "부동산평가 타당성조사"라 함은 발급된 감정평가서에 대해 국토교통부장관의 직권
    또는 기관 등의 요청이 있는 경우, 해당 감정평가가 「감정평가법」 또는 다른 법률에
    서 정하는 절차와 방법 등에 따라 타당하게 이루어졌는지를 조사하는 것을 말한다.

02 "부동산평가 타당성조사"는 「부동산 가격공시 및 감정평가에 관한 법률」 제41조 및
    같은 법 시행령 제81조 제2항 제3호에 '토지 등의 감정평가에 대한 타당성조사'를
    위탁업무로 규정하고 대통령령이 정하는 감정평가법인을 위탁업무 수행기관으로 지
    정하고 있다.

03 타당성조사 대상은 국토교통부장관이 「감정평가법」 제47조에 따른 지도·감독을 위해
    서 감정평가업자의 사무소 출입·검사 또는 「감정평가법 시행령」 제49조에 따른 표본조
    사의 결과, 그 밖의 사유에 따라 조사가 필요하다고 인정하는 경우에 해당된다.

04 타당성조사 제외 및 중지 대상은 법원의 판결에 따라 확정된 경우, 재판에 계류 중이
    거나 수사기관에서 수사 중인 경우, 「공익사업을 위한 토지 등의 취득 및 보상에 관
    한 법률」 등 관계 법령에서 감정평가와 관련하여 절차가 규정되어 있는 경우로서 권
    리구제 절차가 진행 중이거나 권리구제 절차를 이행할 수 있는 경우(권리구제 절차
    를 이행하여 완료된 경우를 포함), 징계처분, 제재처분, 형사처벌 등을 할 수 없어
    타당성조사의 실익이 없는 경우에 해당된다.

05 감정평가의 타당성에 문제가 있다고 판단되면 타당성 기초조사를 의뢰하게 되는데,
    그 절차는 타당성조사의 접수와 배정이 이루어지고 이에 따른 자료의 제출과 현장조
    사가 진행된다.

06   현장조사를 통한 조사결과보고서의 작성은 타당성조사단 내의 최소 2인 이상이 작성함을 원칙으로 하고 있으며, 최종적으로 감정평가 타당성조사 심의위원회의 심의와 의결을 거쳐 최종결과를 통지한다.

07   타당성조사 이의 신청 양정기준별로 기본적 사항에 대한 세부기준, 감정평가방법에 대한 세부기준, 토지감정평가 과정에 대한 세부기준, 구분건물 감정평가대상에 대한 세부기준, 감정평가 결과로 분류된다.

08   판례에 따른 잘못된 평가란, 사실에 맞지 않는 감정자료를 수집하거나 관련 법령에서 정한 감정평가의 원칙과 기준에 어긋나는 방법이나 신의성실 의무에 위배 되는 방법(재량 범위 밖의 자의적 방법)으로 감정평가를 하여 그 결과가 공정성과 합리성을 갖추지 못한 경우를 말한다.

예시문제 Exercise

01   부동산평가 타당성조사를 정의하시오.

02   부동산평가 타당성조사의 대상과 제외·중지 요건을 설명하시오.

03   부동산평가 타당성조사의 순서를 도식화하여 설명하시오.

04   타당성 조사 이의 신청 양정기준별로 세부내용을 설명하시오.

05   판례에 따른 잘못된 평가를 설명하시오.

부동산 평가 윤리 개선방안

01

제도적 문제점과 개선방안

1) 감정평가업계의 제도적 기반의 공신력 확대방안 필요

공신력은 일반적으로 등기의 공신력이라 하여 실제로는 아무런 권리 관계가 없으나, 있는 것으로 보이는 외형적 사실을 믿고 거래한 사람을 보호하기 위하여 권리 관계가 있는 것과 같은 법률효과를 부여하는 효력으로 이해되고 있다.

그러나 감정평가 분야로 한정한다면 공신력(公信力)은 사회적(社會的)으로 널리 신용(信用)을 받을 수 있는 능력(能力) 또는 전문인에 대한 사회적 신뢰의 정도를 의미한다.[6]

즉, 감정평가사 및 감정평가업자가 정부나 국민으로부터 신뢰받을 수 있는 것으로 이러한 공신력이 감정평가업에 상당히 중요한 기능적 측면을 하고 있다.

---

6   노태욱 외, 「바람직한 감정평가제도 모형에 관한 연구」, 부동산학연구, 제9권 2호, 2003, p.73.

2) 감정평가업계의 공신력 저해요인과 문제점

감정평가업계가 생각하는 공신력의 수준과 일반인이 생각하는 공신력 수준의 차이가 있다면 그 차이가 무엇인지를 먼저 알기 위해 기존의 연구에서 제시한 내용을 살펴보면 상호 간의 인식의 차이가 있음을 확인할 수 있다.[7]

감정평가업계에 요구되는 윤리는 크게 3가지로 구분되는데, 공중윤리(부동산가격의 적정한 평가, 손해배상의 용이성, 공적평가의 공정성과 신뢰성, 개인정보나 물건의 기밀보호), 서비스윤리(감정평가내용의 자세한 설명, 평가보고서 기입의 성실성, 불확실한 조건의 평가금지, 감정평가수수료 준수), 기타(직업윤리 교육의 시행, 직업윤리준수와 경제적 이익)이다.

분석결과, 일반인들은 감정평가사가 생각하는 윤리수준보다 낮게 응답함으로써 두 집단 간에는 인식의 격차가 있음을 확인할 수 있었다.

윤리구분에 따른 응답치에 이어 공신력 저해요인을 산업구조 측면, 평가 전문성 측면, 윤리규정 측면에서 살펴보면 다음과 같다.

산업구조 측면에서 공적평가기관과 민간감정평가법인, 개인사무소 등 매출액의 불균형이 심하기 때문에 이해관계가 첨예하게 대립되고 있다.

자격제도 특성상, 자격제도의 공급 과대에 따른 서비스 경쟁이 치열해지고 있다. 이러한 서비스 경쟁이 질적 측면을 제고하기보다는 평가수수료 인하경쟁, 부당한 고객 유인, 사업 활동 방해 등 불공정 행위로 이어져 전문서비스업의 공신력이 저하되는 한 원인이 되고 있다.

또한 업계의 내재적 갈등요인으로 조직 구성원 및 지역 간의 평등의식과 보수 분배수단으로 이용하는 성과급제도도 과다 경쟁을 유발하고 있는 한 원인으로 평가되고 있다.

윤리규정 체계가 아직 미완성단계에 있기에 공정경제에 대한 통제가 잘 이루어지고 있지 못하다. 특히, 보상평가에서 주민 추천제 도입으로 발생한

---

7 정은희, 「부동산업 전문직 종사자의 직업윤리에 관한 연구」, 단국대학교대학원 박사학위 논문, 2008.

신규시장 선점을 위한 비윤리적 행위(부당고객유인, 거래상 지위 남용 등)가 발생하고 있으며, 이는 과도한 경쟁으로 인한 수수료 인하로 이어져 결국 산업구조적인 문제가 평가의 전문성을 악화시키고 이러한 결과로 평가업의 공신력을 저해하는 구조로 이어져가고 있다.

3) 공신력 확대를 위한 정책 및 경제적 기능 강조

부동산가격은 시장에서 형성되나, 부동산시장은 특성상 수요자와 공급자 간에 형성되는 가격이 적정가격이 되기 어려운 불완전한 시장이다. 이러한 부동산시장만의 특성으로 전문가인 감정평가사에 의해 적정가격의 지적이 필요하며, 또한 감정평가사에 의해 평가된 가격은 정책과 경제의 중요한 기능을 담당한다.

평가가격을 정책적 측면에서 보면 감정평가사에 의해 평가된 표준지공시지가 등은 공익사업 수행 시 수용·사용되는 토지의 손실보상평가의 기준이 되며, 각종 세금의 기준이 되는 개별공시지가 및 개별주택가격 산정의 기준이 된다. 이러한 감정평가사의 표준지공시지가 및 표준주택에 대한 조사·평가는 공적으로 상당한 역할과 기능을 수행하고 있다.

또한, 경제적 측면에서 보면 감정평가사에 의해 평가된 표준지 공시지가와 표준주택가격, 그리고 일반거래를 위해 의뢰된 일반거래 목적의 시가평가는 시장의 수요·공급자에게 일종의 가격지표로서 부동산 거래시 의사결정 기준이 되며, 이를 통해 거래질서가 확립되고 부동산 자원의 효율적 배분이 달성된다.

기타 금융기관 의뢰에 의해 평가된 담보평가가격은 금융 흐름의 원활화를 지원하며, 법원 의뢰에 의해 평가된 경매가격은 경매입찰자의 의사결정 기준이 되기도 한다.

따라서 감정평가의 정책 및 경제적 측면에서 국민 개개인의 재산권 등에 미치는 영향이 막중할 뿐만 아니라, 그 역할에 대한 책임 또한 크기에 평가윤리의 공신력 확보가 요구된다.

특히, 감정평가사는 자신의 기능과 역할이 단순한 가치평가에 그치는 것이 아니라 정책·사회적으로 큰 영향을 미친다는 책임감을 통감하고 평가업무에 임해야 하므로, 투철한 직업윤리관뿐만이 아니라 윤리규정에 대한 이해가 요구되는 것이다.

만약 감정평가사가 공적인 자신의 의무를 저버리고 전문가로서 직업윤리를 망각한 채 부실 감정평가를 한다면, 정책적으로는 공정하지 못한 손실보상평가로 직결되어 국민의 재산권을 부당히 침해하게 된다. 또한, 과세에 있어서도 형평성 없는 세금부과로 이어져 정부의 행정업무가 국민의 불신과 지탄의 대상이 될 수 있으며, 이로 인하여 국민적 저항에 부딪히게 되어 사회적으로 큰 비용을 초래하게 될 수 있다.

4) 감정평가 모니터링 제도 도입

토지 등 재산의 경제적 가치를 가액으로 표시하여 제공하는 평가보고서는 그간 작성의 모호함과 부실한 기록으로 인하여 평가결과에 대한 신뢰성 확보가 어려웠다.

특히, 감정평가결과에 대한 검증이 어려운 점을 해소하기 위해서는 감정평가보고서에 기재하여야 할 항목을 감정평가 의뢰시기에 제시할 수 있어야 한다.

또한 감정평가보고서에 대한 모니터링 제도를 통하여 감정평가 기재사항 누락, 모호성 등의 부실한 보고서에 대한 모니터링 제도를 도입하여 문제점에 대한 제재가 될 수 있도록 감정평가에 관한 규칙에서 열거하고 있는 평가보고서의 필수적 기재사항을 현재보다 상세히 규정하여야 한다.

감정평가 모니터링 제도를 통해 지방자치단체 감정평가의 경쟁체제의 도입에 따른 부작용을 방지하게 될 뿐만 아니라 감정평가사도 다른 감정평가사가 자신의 감정평가보고서를 공식적으로 검토한다는 것을 의식하게 될 것이고, 이에 맞추다 보면 신중한 평가업무를 수행할 수 있음에 따라 부실평가 등의 문제는 완화할 수 있을 것으로 판단된다.

02
실무적 문제점과 개선방안

1) 운영방식 및 정보체계 구축과 활용성이 제한적인 상황

공적평가기관인 한국감정원과 민간평가기관인 협회를 제외하고 체계화된 평가사례 정보를 획득할 수 있는 종합 평가체계 정보시스템 활용성이 지극히 제한적이다.

부동산시장의 거래정보와 수익정보를 분석하여 평가가치를 추계하는 평가 관련 정보를 공유하는 시스템이 아직 정비되어 있지 못하여 정보가 체계적으로 관리되고 활용되지 못하고 있다.

평가사례를 활용할 경우 사례자료를 일괄적으로 관리할 수 있는 제도적 장치 확보가 논의 중에 있기에 일부 자료만이 평가사례로만 구축되어 제한적으로 활용되고 있는 상황이다.

과세자료의 경우 공개 기피의 성향성 담보평가 등 사적인 평가자료는 개인정보라는 측면에서 매매사례자료 수집이 어려우며, 소득과 경비 관련 자료도 체계적으로 구축되지 못하고 있는 상황이다.

부동산업계의 DB에 사용되는 자료 또한 해당 이해관계자가 제시한 자료나 설문조사 수집을 통해 이루어지기에 객관성이 떨어져 신뢰도 높은 수익비용자료를 파악하기가 어렵다.

더욱이 평가서비스의 전문화와 품질향상은 물론 평가 관련 업무가 비효율적으로 운용되기에 품질관리 등 체계 기준의 확립이 필요하다.

2) 평가보고서 작성과 관련된 제 문제

평가업계의 관행에 따른 전문가적인 판단이 미흡한데, 평가실무의 관행에 맞춰 평가사로서의 전문가적인 판단에 따른 평가액 추계보다는 비교적 분쟁의 소지가 적은 '표준지 공시지가를 기준으로 한 비교방식'에 의존함으로써 전문성 제고 향상에 미온적으로 대처하였다.

특히, 평가보고서 작성에 있어 단순 서식형 평가서가 주를 이루고 있으며, 평가 관련 자료의 분석, 평가기법의 선정과 가격 책정의 근거 등이 논리적인 추계과정에 대한 세부적인 기술이 미흡하였다.

단순 서식형 평가보고서를 고객의 권리에 맞춰 다양화하고, 평가수수료도 평가의 난이도에 맞춰 차별화해야 향후 시장변화와 제도 개선에 부합할 수 있을 것이다.

3) 평가윤리기준의 측정 가능성과 실행 가능성 확보

현행 관계법령은 윤리에 관한 최소한의 규범만을 정하고 있어 실제 한국감정평가협회에서 규정하고 있는 윤리규정만이 감정평가업자의 윤리적 행동을 규율할 뿐이다.

협회차원의 윤리규정을 관계 법령에 맞춰 윤리강령으로서의 실행 가능성이 확보되어야 하며, 이에 맞춘 윤리규정의 측정도구와 지표의 개발이 필요하다.

그동안 문제시되었던 각 조항별 윤리규정의 애매모호성에 따른 구체적인 기준 제시가 선행적으로 필요하다. 이는 전문직업인으로서 감정평가업자의 윤리수준을 제고하기 어려우며, 또한 감정평가 수행에 따른 윤리규정의 준수 여부에 대한 확인 또한 어렵게 만들기 때문에 직업적인 사명감에 대한 고취와 의무를 필요 없게 만든다.

물론 이에 맞춰 「감정평가실무기준」을 제정하면서 기본윤리와 업무윤리를 대분류로 하여 구체적인 항목을 구성하여 윤리의 중요성을 강조하여 상당 부분 윤리 문제의 추상성을 해결하고자 하였으나, 실제 이의 측정 가능성과 실행 가능성은 아직까지도 미미한 수준에 그치고 있다.

4) 윤리기준체계의 개발과 이에 대한 피드백의 선순환체계 개선

평가업무 수행에 맞춰 현행 윤리기준을 준수하고 있는지에 대한 판단기준과 함께 감정평가업자의 인식 수준이 이에 맞게 이루어지는지의 과정 판단이 부족하다.

가령, 평가수행에 있어 선의의 비윤리적 행위가 있을 경우 이를 어떠한 기준으로 처리할지가 모호한 경우가 많다. 따라서 평가과정에 맞춰 준수해야 할 윤리기준체계에 맞춰 이를 확인하는 과정이 필요하다.

USPAP의 경우 평가윤리기준을 평가행위, 평가관리, 평가비밀, 평가기록 등으로 분류하여 이 분류체계에 맞춰 다시 세부항목으로 구성하여 어떠한 것이 윤리적 행위이고 비윤리적 행위인지를 알기 쉽게 설명하고 이를 확인할 수 있다.

따라서 단계별 평가수행에 맞춰 윤리기준체계를 개발하고 이에 대한 세부항목별 기준과 체크리스트를 개발하여 실제의 평가업무의 윤리지침으로서의 가이드라인이 필요하다.

윤리기준에서 벗어난 경우, 중대 사안별에 따른 맞춤식 윤리위반 예방대안과 향후 후속대안에 대한 구체적인 시스템 마련이 필요하다.

현행 윤리규정은 위반 예방에 대한 규정을 담고 있지 않으며, 일반적으로 감정평가업자가 거의 독립적으로 평가업무를 수행하는 것이 다반사이고, 실제 평가업무에 대한 심사제도의 역할도 관행적인 수준에 머무르는 경우가 허다하다.

잘못된 평가에 따른 감정평가업자의 신뢰 저하에 있어 선행적으로 이를 예방할 수 있는 차원의 사전 예방 시스템의 마련이 필요하다.

5) 민간단체의 자율적인 윤리규제 장려

　정부는 민간단체의 윤리규제를 장려하고, 협회를 관리하는 방식으로 최소한의 규제범위에서 윤리기준을 수행하여야 한다.

　미국의 경우, 정부와 민간단체가 역할을 상호 분리하여 자격제도의 객관성과 공정성을 확보하고 있으며, 영국은 정부 자체의 규율제도는 없으나 협회 차원에서 내부 징계 등의 자발적인 관리가 이루어지고 있다.

　지금까지 정부와 협회 중심의 윤리규제를 통해 어느 정도 관리가 이루어져 왔으나, 부동산시장개방과 해외 평가시스템의 적극적인 도입 시기임을 감안할 때, 감정평가조직에 대한 개별 단위의 자율규제 체제가 확고히 되어야 한다.

　자율규제체제 확립을 위해서는 먼저 개별 법인 단위의 자율규제방안으로 내부통제표준지침을 마련하고 이를 지원하고 활용할 수 있는 역할이 필요하다.

　법인은 규모별 특성에 적합한 내부통제표준지침을 자체 개발하고 구성원의 동의를 통해 자발적 규제제도를 도입하고 이를 활용하고, 필요하다면 관련 교육까지 확대될 수 있는 여건을 만들어야 한다.

학습내용정리 Summary

01   감정평가사 및 감정평가업자가 정부나 국민으로부터 신뢰받기 위해서는 공신력이 감정평가업에 상당히 중요한 기능적 측면을 담당할 수 있는데, 이를 위해 제도적 기반의 공신력 확대가 필요하다.

02   감정평가업계가 생각하는 공신력의 수준과 일반인이 생각하는 공신력 수준에 대한 상호 간의 차이가 큰데, 감정평가업계에 요구되는 윤리는 크게 세 가지(공중윤리, 서비스윤리, 기타)이다.

03   공신력 저해요인을 산업구조 측면, 평가 전문성 측면, 그리고 윤리규정 측면에서 구분할 수 있는데, 산업구조 측면에서 공적평가기관과 민간감정평가법인, 개인사무소 등 매출액의 불균형이 심하기 때문에 이해관계가 첨예한데 자격제도 특성상 자격제도의 공급과대에 따른 서비스 경쟁이 자칫 질적 수준을 하락시킬 우려가 있다. 전문성 측면에서 평가수수료 인하경쟁, 부당한 고객유인, 사업활동 방해 등 불공정 행위로 이어져 전문서비스업의 공신력이 저해되는 원인이 될 수 있다. 윤리규정 측면에서 규정체계가 아직 미완성단계에 놓여 있어 공정경제에 대한 통제가 잘 이루어지지 못하며, 특히, 보상평가에서 주민 추천제 도입으로 발생한 신규시장 선점을 위한 비윤리적 행위가 야기될 수 있다.

04   감정평가의 정책 및 경제적 측면에서 국민 개개인의 재산권 등에 미치는 영향이 막중할 뿐만 아니라, 그 역할에 대한 책임 또한 크기에 평가윤리의 공신력 확보가 요구된다.

05   실무적으로 운영방식과 정보체계 구축에 따른 활용성이 제한적인 상황으로 부동산시장의 거래정보와 수익정보를 분석하여 평가가치를 추계하는 평가관련 정보를 공유하는 시스템에 대한 보완이 필요하다.

06　평가보고서 작성에 있어 단순 서식형 평가보고서를 고객의 권리에 맞춰 다양화하고, 평가수수료도 평가의 난이도에 맞춰 차별화하여 향후 시장변화와 제도 개선에 부합하게 해야 한다.

07　협회차원의 윤리규정을 관계 법령에 맞춰 윤리강령으로서의 실행 가능성이 확보되어야 하며, 이에 맞춘 윤리규정의 측정도구와 지표의 개발이 필요하며, 단계별 평가수행에 맞춰 윤리기준체계를 개발하고 이에 대한 세부항목별 기준과 체크리스트를 개발하여 실제의 평가업무의 윤리지침으로서의 가이드라인이 필요하다.

08　정부는 민간단체의 윤리규제를 장려하고, 협회를 관리하는 방식으로 최소한의 규제 범위에서 윤리기준을 수행하여야 하는데, 자율규제체제 확립을 위해서는 먼저 개별 법인단위의 자율규제방안으로 내부통제표준지침을 마련하고 이를 지원하고 활용할 수 있는 역할이 필요하다.

예시문제 Exercise

01   감정평가업계의 제도적 기반의 공신력 확대방안을 설명하시오.

02   감정평가업계에 요구되는 세 가지 윤리를 구분하여 설명하시오.

03   평가가격에 대한 정책적·경제적 측면을 구분하여 설명하시오.

04   검토평가를 보완하기 위한 감정평가 모니터링 제도에 대하여 설명하시오.

05   평가윤리기준의 측정과 체계 마련을 위해 보완할 사항을 정리하시오.

부록

한국감정원의 타당성조사 양정기준 수립(안)

타당성조사 종합양정기준

구분	양정기준	해당사항	비고
종합 의견	적정	• 감정평가서의 기본적 사항, 평가방법, 평가과정 등이 관련 규정 및 이론과 전문가적 판단에 전반적으로 부합되고, 감정평가 결과가 적정하다고 인정되는 경우	
	다소미흡	• 기본적 사항이 일부 타당하지 않으나 감정평가 전반의 과정과 감정평가 결과에 미치는 영향이 미미한 경우 • 감정평가방법이 일부타당하지 않으나 감정평가 결과에 미치는 영향이 미미한 경우 • 감정평가과정이 일부 타당하지 않으나 감정평가 결과에 미치는 영향이 미미한 경우 • 기타 전문가적 관점에서 해당 감정평가에 일부 하자가 존재하나 그 정도가 미미하다고 인정되는 경우	
	미흡	• 기본적 사항이 일부 타당하지 않아 감정평가 과정과 감정평가 결과에 영향을 미치는 경우 • 감정평가 방법이 일부 타당하지 않아 감정평가 결과에 영향을 미치는 경우 • 감정평가 과정이 일부 타당하지 않아 감정평가 결과에 영향을 미치는 경우 • 기타 전문가적 관점에서 해당 감정평가에 일부 하자가 존재하나 그 정도가 중대하다고 보기 어려운 경우	

징계위원회 심의 필요	• 감정평가서의 형식이 『감칙』 등 관련 규정을 위반하였거나 전문가적 관점에서 상당한 오류가 존재하여 정상적인 감정평가서로 인정하기 어려운 경우 • 기본적 사항이 부적정하여 이로 인해 감정평가 전반의 과정과 감정평가 결과에 상당한 영향을 미치는 경우 • 감정평가방법이 『감칙』 등 관련 규정을 위반하여 감정평가 전반의 과정과 감정평가 결과에 상당한 영향을 미치는 경우 • 감정평가과정의 상당 부분이 『감칙』 등 관련 규정 및 이론과 전문가적 판단에 비추어 부적정하다고 인정되어 감정평가 결과에 상당한 영향을 미치는 경우 • 감정평가 결과가 적정하지 않다고 인정되는 경우 • 기타 전문가적 관점에서 해당 감정평가에 중대한 하자가 있다고 인정되는 경우

※ 종합의견 양정은 "세부양정" 결과를 토대로 판단

타당성조사 세부양정기준

- 기본적 사항

구분	양정기준	해당사항	비고
기본 사항 준수	타당성 다소결여	• 평가의뢰인, 평가목적, 기준시점, 기준가치 등 기본사항이 감정평가서상 일관되지 못하나, 단순오기 등인 경우 • 평가목록 표시가 의뢰목록, 공부내용과 현저히 달라 평가 대상의 동일성이 인정되기 어려운 경우 • 허위로 감정평가사 및 심사평가사 서명·날인한 경우	감칙 제9조 실무기준 500
	타당성 결여	• 평가목록 표시가 의뢰목록, 공부내용과 현저히 달라 평가 대상의 동일성이 인정되기 어려운 경우 • 허위로 감정평가사 및 심사평가사가 서명·날인한 경우	
평가 목적	타당성 다소결여	• 평가목적이 평가의뢰내용에 다소 부합하지 않으나 전문가 적 관점에서 수인 가능한 경우	감칙 제9조 실무기준 500.3
	타당성 결여	• 평가목적이 평가의뢰내용에 부합하지 않아 전반적인 감정 평가 내용에 오류가 발생한 경우	
기준 시점	타당성 다소결여	• 기준시점 설정에 다소 오류가 존재하나 그 정도가 미미한 경우	감칙 제9조 실무기준 300.4
	타당성 결여	• 기준시점 설정이 관련 규정 등에 명백히 부합하지 않는 경우	
평가 조건	타당성 다소결여	• 조건부 평가를 행하면서 조건의 합리성·적법성·실현가 능성 등의 검토를 하지 않은 경우 또는 검토하였으나 다 소 불충분한 경우	감칙 제6조 실무기준 300.5
	타당성 결여	• 조건부 평가를 행하면서 조건의 합리성·적법성·실현가 능성 등의 검토를 하지 않은 경우 또는 검토하였으나 명 백한 오류가 있는 경우	
기준 가치	타당성 다소결여	• 시장가치 외의 가치로 평가하면서 그 합리성·적법성 등 의 검토를 하였으나 다소 불충분한 경우	감칙 제5조 실무기준 400.2.1
	타당성 결여	• 조건부 평가를 행하면서 조건의 합리성·적법성 등의 검 토를 하지 않은 경우 또는 검토하였으나 명백한 오류가 있는 경우	

구분	양정기준	해당사항	비고
감정평가서 작성	타당성 다소결여	• 대상물건의 현황 등 감정평가서 전반에 걸친 기재 내용이 명확하지 못하거나 일관되지 못하지만 그 정도가 미미한 경우	감칙 제13조 실무기준 500
	타당성 결여	• 대상물건의 현황 등 감정평가서 전반에 걸친 기재 내용이 명확하지 못하거나 일관되지 못하며, 그 정도가 중대하다고 인정되는 경우	
기타	타당성 다소결여	• 기타 기본적 사항이 전문가적 관점에서 오류가 있으나 그 정도가 미미한 경우	
	타당성 결여	• 기타 기본적 사항이 전문가적 관점에서 오류가 있으며, 그 정도가 중대하다고 인정되는 경우	

- 감정평가방법

구분	양정기준	해당사항	비고
평가 방식	타당성 결여	• 『감칙』 등에서 규정하고 있는 감정평가방식 이외의 평가 방식을 적용하여 평가한 경우	감칙 제11조 실무기준 400.3.1
현황 평가	타당성 다소결여	• 불법적·일시적 이용 등 대상물건의 현황 판단을 잘못 하였으나 그 정도가 미미한 경우	감칙 제6조 실무기준 400.2.2
	타당성 결여	• 불법적·일시적 이용 등 대상물건의 현황 판단을 잘못하였으며 그 정도가 중대한 경우	
개별 평가 · 일괄 평가	타당성 다소결여	• 둘 이상의 대상물건이 일체로 거래되거나 상호 간 용도상 불가분의 관계가 없음에도 불구하고 일괄 감정평가를 하였으나, 그 오류가 미미한 경우 • 하나의 대상물건에 가치를 달리하는 부분이 있음에도 불구하고 구분 감정평가를 하지 아니 하였으나, 그 오류가 미미한 경우	감칙 제7조 감칙 제16조 실무기준 400.2.3
	타당성 결여	• 둘 이상의 대상물건이 일체로 거래되거나 상호 간 용도상 불가분의 관계가 없음에도 불구하고 일괄평가를 하였으며, 그 오류가 중대하다고 인정되는 경우	

		• 하나의 대상물건에 가치를 달리하는 부분이 있음에도 불구하고 구분평가를 하지 않아, 그 오류가 중대한 경우 • 특수한 목적이나 합리적인 이유가 없음에도 불구하고 대상물건의 일부분에 대하여 감정평가를 하였으며, 그 오류가 중대하다고 인정되는 경우	
평가 방법 적용	타당성 다소결여	• 『감칙』 등 관련 규정에서 정하고 있지 아니한 대상물건에 대해 적용한 감정평가방법이 적절치 못하다고 인정되는 경우	감칙 제12조 실무기준 600
	타당성 결여	• 『감칙』 등 관련 규정에서 정하고 있는 대상물건별 감정평가방법을 정당한 사유없이 적용하지 아니하고 다른 감정평가방법을 적용한 경우	
시산 가액 조정	타당성 다소결여	• 시산가액 합리성 검토를 행하면서 주된 방법에 의한 시산가액과 다른 방법에 의한 시산가액 간 상당한 격차가 있음에도 합리적 사유 없이 주된 방법에 의한 시산가액으로 결정한 경우	감칙 제12조 실무기준 400.4
	타당성 결여	• 시산가액 합리성 검토를 행하면서 주된 방법에 의한 시산가액의 합리성이 인정되지 않음에도 불구하고 시산가액 조정을 하지 않은 경우 • 대상물건의 특성으로 인하여 주된 방법 외 다른 감정평가방법을 적용하는 것이 곤란하거나 불필요한 경우가 아님에도 불구하고 이를 생략한 경우	
기타	타당성 다소결여	• 기타 감정평가방법이 전문가적 관점에서 오류가 있으나 그 정도가 미미한 경우	
	타당성 결여	• 기타 감정평가방법이 전문가적 관점에서 오류가 있으며, 그 정도가 중대하다고 인정되는 경우	

– 감정평가과정(토지)

평가 과정	양정기준	해당사항	비고
비교 표준 지 선정	타당성 다소결여	• 대상토지와 용도지역·이용상황·주변환경 등이 같거나 유사한 표준지가 존재함에도 불구하고 상대적으로 유사성이 낮은 표준지를 선정한 경우 • 선정된 비교표준지의 제반 특성(공지사항 등)을 잘못 기재하였으나, 그 오류 정도가 미미한 경우	감정 평가법 제3조 보상법 제70조 감칙 제14조 실무기준 610.1 실무기준 810.5
	타당성 결여	• 대상토지와 용도지역·이용상황·주변환경 등이 같거나 유사한 표준지가 존재함에도 불구하고 유사성이 인정되기 어려운 표준지를 선정한 경우 • 선정된 비교표준지의 제반 특성(공지사항 등)을 고의 또는 과실로 허위 기재하여, 그 오류가 중대하다고 인정되는 경우 • 보상 평가시 『토지보상법』 제70조를 위반하여 연도별 공시지가를 적용한 경우	
시점 수정	타당성 다소결여	• 단순 계산 오류 등으로 시점수정치가 다소 잘못 산정된 경우 • 기준시점 당시 고시된 최근 지가변동률을 적용하지 않았으나, 그 차이가 미미한 경우	보상법 시행령 제37조 감칙 제14조 실무기준 610.1 실무기준 810.5
	타당성 결여	• 특별한 사유 없이 비교표준지가 있는 시·군·구의 같은 용도지역의 지가변동률을 적용하지 아니하여 『감칙』 규정을 명백히 위반하였다고 볼 수 있는 경우 • 보상 평가시 『토지보상법 시행령』 제37조의 지가변동률 적용 규정을 준수하지 않은 경우로서, 그 차이가 상당한 경우	
지역 요인 비교	타당성 다소결여	• 지역요인 비교를 행하면서 비교내역 및 산출근거 등이 누락되거나 기재가 미흡하지만, 그 영향이 미미한 경우 • 지역요인 비교 누계치가 전문가적 판단에 부합하지 않으나 수인 가능한 경우	감칙 제14조 실무기준 610.1 실무기준 810.5
	타당성 결여	• 지역요인 비교를 행하면서 비교내역 및 산출근거 등이 누락되거나 기재가 미흡한 경우로서 비교 누계치가 과소 또	

		• 는 과다한 경우 • 지역요인 비교 누계치가 전문가적 판단에 부합하지 않는 경우	
개별 요인 비교	타당성 다소결여	• 개별요인 세항목 비교 과정이 적절하지 못하나, 개별요인 비교 누계치의 적정성은 인정되는 경우 • 대상물건에 따른 용도지대별 개별요인 비교표를 적용하지 않았으나 비교 누계치의 적정성은 인정되는 경우 • 개별요인 비교를 행하면서 비교내역 및 산출근거 등이 누락되거나 기재가 미흡하지만, 그 영향이 미미한 경우 • 개별요인 비교 누계치가 전문가적 판단에 부합하지 않으나 수인 가능한 경우	감칙 제14조 실무기준 610.1 실무기준 810.5
	타당성 결여	• 비교표준지와 대상토지의 개별요인 비교 누계치를 반대로 적용한 경우 • 비교표준지와 대상토지의 개별요인 비교 누계치가 명백히 과소 또는 과다하다고 판단되는 경우 • 개별요인 비교 과정에서 중요 요인 비교를 누락하는 등 중대한 하자가 있다고 인정되는 경우 • 개별요인 비교 항목을 자의적으로 설정하는 등 중복비교가 발생하여 중대한 하자가 있다고 인정되는 경우	
그 밖의 요인 보정	타당성 다소결여	• 인근에 대상물건과 용도지역·이용상황·주변환경 등이 같거나 유사한 최근의 사례가 존재함에도 불구하고, 상대적으로 유사성 낮은 사례를 선정한 경우 • 그 밖의 요인 보정치 산출 과정을 기재하지 않았으나, 감정평가서 작성 당시 수집가능한 자료에 비추어 보정치가 적정하다고 인정되는 경우 ※ 사정보정, 시점수정, 지역요인 비교, 개별요인 비교 과정 등은 토지 및 구분건물의 각 항목별 세부양정기준과 동일하게 적용	감칙 제14조 실무기준 610.1 실무기준 810.5
	타당성 결여	• 인근에 대상물건과 용도지역·이용상황·주변환경 등이 같거나 유사한 최근의 사례가 다수 존재함에도 불구하고, 유사성이 인정되기 어려운 사례를 선정한 경우 • 그 밖의 요인 보정치 산출 과정을 기재하지 않고 보정치	

평가 과정	양정기준	해당사항	비고
		역시 적정한 범위를 벗어난 경우 • 보상 평가시 해당 공익사업의 시행에 따른 가격 변동을 그 밖의 요인으로 보정한 경우 ※ 사정보정, 시점수정, 지역요인 비교, 개별요인 비교 과정 등은 토지 및 구분건물의 각 항목별 세부양정기준과 동일하게 적용	
기타	타당성 다소결여	• 기타 감정평가과정이 전문가적 관점에서 오류가 있으나, 그 정도가 미미한 경우	
	타당성 결여	• 기타 감정평가과정이 전문가적 관점에서 오류가 있으며, 그 정도가 중대하다고 인정되는 경우	

- 감정평가결과(구분건물)

평가 과정	양정기준	해당사항	비고
거래 사례 선정	타당성 다소결여	• 인근에 대상물건과 유사한 최근의 사례가 존재함에도 불구하고, 상대적으로 유사성이 낮은 사례를 선정한 경우 • 선정된 거래사례의 제반 특성을 잘못 기재하였으나, 그 오류 정도가 미미한 경우	실무기준 610.3.1
	타당성 결여	• 인근에 대상물건과 유사한 최신의 사례가 다수 존재함에도 불구하고, 유사성이 인정되기 어려운 사례를 선정한 경우 • 선정된 거래사례의 제반 특성을 고의 또는 과실로 허위 기재하여, 그 오류가 중대하다고 인정되는 경우	
사정 보정	타당성 다소결여	• 사정개입이 명확한 사례를 선정한 후 사정보정을 행하였으나 그 과정이 다소 불충분한 경우	실무기준 610.3.1
	타당성 결여	• 사정개입이 명확한 사례를 선정한 후 사정보정을 행하지 않거나, 사정보정을 행하였으나 그 과정에 명백한 오류가 있는 경우 • 사정이 개입되지 않은 사례를 선정한 후 평가목적 등 사정개입과 무관한 사유로 사정보정을 행한 경우	

시점 수정	타당성 다소결여	• 단순 계산 오류 등으로 시점수정치가 다소 잘못 산정된 경우 • 대상물건의 종류와 부합하지 않는 자료를 활용하여 시점 수정을 행하였으나, 그 차이가 미미한 경우	실무기준 610.3.1
	타당성 결여	• 특별한 사유 없이 시점수정 과정을 누락하거나 객관적 자 료를 배제하고 자의적으로 시점수정치를 결정한 경우 • 대상물건의 종류와 부합하지 않는 자료를 활용하여 시점 수정을 행하였으며, 그 차이가 상당한 경우	
가치 형성 요인 비교	타당성 다소결여	• 가치형성요인 세부 항목의 비교 과정이 적절하지 못하나, 가치형성요인 비교 누계치의 적정성은 인정되는 경우 • 가치형성요인 비교를 행하면서 비교내역 및 산출근거 등 이 누락되거나 기재가 미흡하나, 그 정도가 미미한 경우 • 가치형성요인 비교 누계치가 전문가적 판단에 부합하지 않지만, 그 정도가 미미한 경우	실무기준 610.3.1
	타당성 결여	• 거래사례와 대상물건 간 가치형성요인 우열세를 명확하게 판단 가능한 경우로서 가치형성요인 비교 누계치를 반대 로 적용한 경우 • 가치형성요인 비교 누계치가 명백히 과소 또는 과다하다 고 판단되는 경우 • 가치형성요인 비교 과정에서 중요 요인 비교를 누락하는 등 중대한 하자가 있다고 인정되는 경우 • 가치형성요인 비교 항목을 자의적으로 설정하여 항목간 중복비교가 발생하는 등 중대한 하자가 있다고 인정되는 경우	
기타	타당성 다소결여	• 기타 감정평가과정이 전문가적 관점에서 오류가 있으나 그 정도가 미미한 경우	
	타당성 결여	• 기타 감정평가과정이 전문가적 관점에서 오류가 있으며, 그 정도가 중대하다고 인정되는 경우	

- 감정평가결과

양정기준	해당사항	비고
타당성 다소결여	• 감정평가서 작성시점 당시 수집 가능한 사례의 가격수준 대비 다소 차이가 있는 경우	
타당성 결여	• 감정평가서 작성시점 당시 수집 가능한 사례의 가격수준 대비 상당한 차이가 있는 경우 ※ '상당한 차이' 여부는 물건의 종류, 수집가능한 사례의 양·내용, 해당지역의 부동산 변동상황 등을 종합참작하여 감정평가결과에 이르게 된 감정평가업자의 귀책사유가 무엇인가 하는 점을 고려하여 판단	대법원 판례 등

※ 토지 및 구분건물 이외 물건에 대해서는 상기 양정기준을 준용하여 적용

참고문헌

국토교통부·한국감정원,『감정평가 타당성조사 사례집』, 국토교통부·한국감정원, 2011, 2012, 2013, 2014, 2015.

건국대학교 부동산·도시연구원 케빈 정, 알에이케이 투자윤리연구센터,『부동산 산업의 윤리』, 건국대학교 출판부, 2016.

경응수,『감정평가론』, 교육과학사, 2012.

나상수,『감정평가 이론강의 Ⅰ』, 리북스, 2009.

나상수,『감정평가 이론강의 Ⅱ』, 리북스, 2009.

방경식·장희순,『부동산학총론』, 부연사, 2012.

방경식·장희순,『해설 부동산감정평가기준』, 부연사, 2012.

설성수,『2015기업기술가치평가기준과 글로벌 스탠다드』, 한국기업기술가치평가 협회, 2015.

안정근,『부동산평가이론』, 법문사, 2006.

이영호,『감정평가업자의 윤리에 관한 연구』, 한국부동산연구원, 2007.

이용훈,『기초이론과 담보평가』, 고시계사, 2013.

이용훈,『평가목적에 따른 감정평가』, 고시계사, 2013.

이홍규·고규봉,『감정평가강의 이론 및 실무』, 리북스, 2014.

이계형,『담보감정평가실무』, 한국금융연수원, 2015.

월간감정평가사편집부,『감정평가 및 보상법전』, 월간감정평가사편집부, 2014.

장희순·방경식,『해설 부동산감정평가기준』, 부연사, 2011.

조주현,『부동산학원론』, 건국대학교출판부, 2002.

천 영,『감정평가이론』, 한국고시학회, 1994.

한국감정원,『한국감정원 감정평가 윤리강령』, 한국감정원, 2010.

한국감정평가협회,『법원감정평가실무 1－경매 및 소송평가실무』, 한국감정평가협 회, 2014.

한국감정평가협회,『법원감정평가실무 2－법원감정제도 및 관련판례』, 한국감정평 가협회 2014.

한국감정평가협회,『2015년도 법원감정인 직무교육』, 한국감정평가협회, 2014.

한국감정평가협회,『감정평가 관련 판례 및 질의회신Ⅰ』, 한국감정평가협회, 2016.

한국감정평가협회, 『감정평가 관련 판례 및 질의회신 Ⅱ』, 한국감정평가협회, 2016.

한국감정평가협회 감정평가기준위원회, 『감정평가 실무매뉴얼 담보평가편』, 한국 감정평가협회, 2015.

한국감정평가협회·한국감정원, 『감정평가 실무기준 해설서(Ⅰ) 총론편』, 한국감 정평가협회·한국감정원, 2014.

한국감정평가협회·한국감정원, 『감정평가 실무기준 해설서(Ⅱ) 보상편』, 한국감 정평가협회·한국감정원, 2014.

한국부동산분석학회, 『부동산 감정평가 과정의 투명성 제고 － 최종보고서 － 』, 한국 부동산분석학회, 2007.

한국산업인력공단, 『감정평가(부동산·동산 감정평가)』, 진한엠앤비, 2015.

한국산업인력공단, 『감정평가(기업가치평가)』, 진한엠앤비, 2015.

한국산업인력공단, 『감정평가(감정평가가격정보제공)』, 진한엠앤비, 2015.

김용배, 「감정평가사의 법적 책임에 관한연구」, 건국대학교 석사학위논문, 2009.

김수현, 「부동산개발업자의 직업 윤리 의식 조사·분석과 정책적 함의」, 서울시립 대학교 석사학위논문, 2009.

김수현, 「경매평가의 손해배상사례 분석 및 제도 개선방안 연구」, 서울시립대학교 석사학위논문, 2012.

송계주, 「감정평가업의 공신력 제고를 위한 연구」, 단국대학교 석사학위논문, 2009.

송계주, 「감정평가업의 공신력 제고를 위한 연구」, 단국대학교 석사학위논문, 2009.

손태락, 「부동산 감정평가의 정책변동과정 분석 － '부동산 감정평가 선진화 정책' 사례를 중심으로」, 가천대학교 박사학위논문, 2016.

신은정, 「감정평가법인의 윤리적 역량과 감정평가의 신뢰성에 관한 연구」, 건국대 학교 박사학위논문, 2017.

정은희, 「부동산업 전문직 종사자의 직업윤리에 관한 연구」, 단국대학교 박사학위 논문, 2008.

함세식, 「부동산 감정평가의 공정성 제고방안에 관한 연구」, 광운대학교 석사학위 논문, 2007.

Zhao Yuying, 「중국과 한국의 부동산감정평가제도 비교연구」, 강남대학교 석사학 위논문, 2014.

강여정·유정석, 「부동산 증권화의 감정평가제도 개선방안에 관한 연구」, 한국지적학회지 제30권 제2호, 2014.

김용창, 「한국 부동산평가 산업구조 특성 및 개편방안 연구」, 공간과사회 제24호, 2005.

김종하, 「금융의 공공성과 감정평가의 역할」, 토지공법연구 제60집, 2013.

김광수, 「감정평가제도와 헌법상 재산권 보장」, 토지공법연구 제74집, 2016.

김건우, 「소송감정의 진행과정 사례 검토 및 소송감정의 신뢰성 확보 방안」, 감정평가학 제17권 제1호, 2018.

방경식·홍길성, 「부동산평가업계의 공정경쟁 룰 확립」, 감정평가학 제5권 제1호, 2006.

방경식·이영호, 「감정평가업계의 바람직한 윤리 규정 내용」, 감정평가학 제6권 제2호, 2007.

신은정·유선종, 「MCT를 이용한 신입 감정평가사의 도덕적 판단력에 관한 연구」, 부동산·도시연구 제9권 제2호, 2017.

신은정·유선종, 「감정평가법인의 청렴성 측정모형 개발에 관한 연구」, 부동산·도시연구 제10권 제1호, 2017.

신은정·유선종, 「감정평가법인 윤리풍토의 영향요인에 관한 연구」, 부동산연구 제27집 제3호, 2017.

정명선·이창석, 「부동산감정평가업의 현황과 실태분석」, 대한부동산학회지 제27권 제1호, 2009.

정은희·이경진·송명규, 「부동산업 전문직 종사자의 직업윤리에 관한 연구 −직업윤리 준수 실태에 대한 전문직 종사자와 일반인과의 인식 비교를 중심으로−」, 한국지적정보학회 & 서울특별시 공동 춘계학술대회 논문집 제 2013권, 2013.

조덕훈, 「부동산중개업의 윤리수준에 대한 인식실태분석 및 중개윤리의 제고방안 연구」, 부동산학 연구 제16집 제4호, 2010.

안정근, 「감정평가업자의 윤리 및 보수규정의 적절성 검토」, 부동산학연구 제1권 제1호, 1995.

안정근, 「감정평가실무윤리기준에 관한 국제비교연구」, 부동산학연구 제3권, 1997.

안정근, 「감정평가에 관한 규칙의 개정의의와 이론적 검토」, 부동산학연구 제9권 제1호, 2003.

이동과, 「감정평가업자의 윤리, 의무와 책임일고」, 감정평가학 제5권 제1호, 2006.

이동과, 「감정평가업자의 윤리·의무와 책임 일고」, 감정평가학 논집 제5권 제1호, 2006.9.

이영호, 「감정평가업자의 윤리에 관한 연구」, 한국부동산연구원, 2007.03.

이봉주·남대현·고준환, 「부동산 감정평가의 경쟁체제 도입에 관한 연구」, 부동산학보 제42집, 2010.

양재모·이도국, 「부동산 감정평가 선진화 3법의 통일적 검토」, 법과정책 제23권 제1호, 2017.

정수연, 「공시제도의 안정적 발전을 위한 감정평가사의 전문성강화방안 ─미국 감정평가사 자격등급제의 시사점을 중심으로─」, 부동산연구 제19권 제2호, 2009.

조덕근, 「논문: 동산, 채권 등의 담보에 관한 법률의 법적 쟁점과 감정평가업계의 대응 과제」, 감정평가학 제11권 제1호, 2012.

하나감정평가법인,「감정평가의 공정성 및 신뢰도 강화 방안」, 하나감정평가법인.

허강무, 「한국의 공시지가 및 감정평가사제도의 과제」, 토지공법연구 제62집, 2011.

「감정평가에 관한 규칙」, 국토교통부령 제259호, 2015.12.14., 일부개정.

「감정평가실무기준」, 국토교통부 고시, 제2015─377호, 2015.6.11., 일부개정.

「감정평가 및 감정평가사에 관한 법률」, 법률 제13782호, 2016.01.19., 제정.

「부동산 가격공시 및 감정평가에 관한 법률」, 법률 제12018호, 2013.8.6., 일부개정.

「부동산 가격공시에 관한 법률」, 제13796호, 2016.01.19., 전부개정.

「한국감정원법」, 법률 제13809호, 2016.01.19., 제정.

국가법령정보센터, (2016. 8. 23) http://www.law.go.kr/main.html.

국토교통부, (2016. 8. 23) http://www.molit.go.kr

한국감정평가협회, (2016. 8. 23) http://www.kapanet.or.kr

한국감정원, (2016. 8. 23) http://www.kab.co.kr

한국공인중개사협회, (2016. 8. 23), http://www.realtor.org

이투데이,(2016.10.05.),
http://www.etoday.co.kr/news/section/newsview.php?idxno=1392892#csidx8b94941b637b5d98330fd521afd8e2e

파이낸셜뉴스,
(2016.09.19),http://www.fnnews.com/news/201609191713395527

색인

ㅎ ────────────

케빈정/알에이케이 투자윤리연구센터

2015년 10월, 건국대학교 부동산·도시연구원 산하에 ㈜알에이케이자산운용과 그 회사의 회장인 케빈정의 기부를 받아 설립(2018년 기준 기부금 총액 5억원)

본 센터는 우리나라에서 최초로 부동산 투자와 부동산 경영 활동의 투명성을 제고하기 위해 설립된 연구기관임

본 센터는 부동산 투자운용 전문가 및 부동산산업 종사자들의 직업윤리를 고취하기 위해 지속적으로 노력하고 있음

본 센터의 연구를 바탕으로 건국대학교 부동산학과와 부동산대학원은 미래의 부동산산업 종사자와 현업 종사자들의 직업윤리 함양을 위한 활동을 연구, 교육, 지원하고 있음

• 부동산산업 윤리 과목 운영과 개발비용 및 윤리 특강 지원
• 석좌교수 및 담당 교수진 지원
• 부동산학과 교수와 부동산학과 학생(학부, 석사, 박사)의 부동산산업 윤리 관련 해외연수와 컨퍼런스 참석 지원
• 부동산산업 윤리 어젠다 확산을 위한 연구 및 출판 지원과 장학금 지원
• 기타 부동산산업 윤리 확산과 관련된 활동지원

총괄기획

건국대학교 부동산도시연구원장 이현석
케빈정/알에이케이 투자윤리연구센터장 유선종

기획운영진

케빈정/알에이케이 투자윤리연구센터 책임연구원 신은정
건국대학교 부동산학과 석사과정 정유나
건국대학교 부동산학과 석사과정 고성욱
건국대학교 부동산학과 석사과정 강민영
건국대학교 부동산학과 석사과정 음세호

집필진

공주대학교 부동산학과 김재환

부동산산업 윤리 시리즈 3
감정평가의 윤리

초판발행	2020년 11월 25일
지은이	건국대 부동산·도시연구원 케빈정/알에이케이 투자윤리센터
펴낸이	안종만·안상준
편 집	전채린
기획/마케팅	노 현
표지디자인	이미연
제 작	고철민·조영환
펴낸곳	(주) 박영사
	서울특별시 금천구 가산디지털2로 53, 210호(가산동, 한라시그마밸리)
	등록 1959. 3. 11. 제300-1959-1호(倫)
전 화	02)733-6771
f a x	02)736-4818
e-mail	pys@pybook.co.kr
homepage	www.pybook.co.kr
ISBN	979-11-303-0996-5 93300

copyright©건국대 부동산·도시연구원 케빈정/알에이케이 투자윤리센터, 2020, Printed in Korea

정 가   10,000원